不登校になったら最初に読む本

親と先生と子どものための再出発へのヒント

小林高子

クロスメディア・マーケティング

はじめに

世の中の人にとって、不登校は謎だらけです。


「なぜ、学校に行かないの？」

「なぜ、朝起きられないの？」

「なぜ、返事をしないの？」

「なぜ、遊んでいるときはいいのに、朝になると布団にもぐりこむの？」

「なぜ、機嫌よく帰ったのに、次の日は出てこないの？」


なぜ、なぜ、なぜ、なぜ――‼

親御さんの多くは、自分たちが子どものことを見ていない時間、知らない時間に不登校の原因があると思っています。本人ではなく、周りの接し方に問題があるのではないかと思っています。

学校の先生も同じです。学校ではなく、家庭に根本的な問題があるのではないかと思っています。それではいくら考え悩んでも、事実に基づいているわけではなく、別のところに原因があると想像しているだけですから、考えれば考えるほど、迷路に入り込んでしまいます。

生徒の親にアンケートをとると、不登校になったときに一番困ったのは、「情報がない」ということでした。しかし、本当に情報がないのかというと、学校にはスクールカウンセラーがいますし、インターネットで検索するとたくさんの情報が並んでいます。教育委員会では、指定の病院や適応教室を推薦してくれます。それなのに、「ない」と思ってしまうのはなぜか？

それは、目の前のわが子の状態に合致した「これだ！」と思えるような方法に出会えていないからではないかと思います。

私のところから中学生が学校復帰していく際、学校に電話連絡をします。するとほぼすべての学校が、「不登校の子が普通の子どもと同じように教室に入って、普通に授業を受けるケースは初めてです」と言います。

不登校の子どもたちが学校復帰して、しかも保健室でも特別教室でもなく、同級生と同じ教室に入り、同級生と同じように学校生活をするのは、珍しいことだという事実はどこにも出てきていません。それどころか、どんなふうに不登校が始まり、その後、どのような経過をたどるかは、ほとんど知られていないのが現状です。

なぜ、不登校がこれほどまでにわからないことばかりなのかというと、当の本人である子どもが、問題解決に積極的ではないからです。

外とのアクセスはお母さんというパイプを使ってのみ。それはとても限定的で、パイプ役のお母さんにさえも本音を語りません。親御さんは、子どもの心という曖昧なものを手掛かりに、対処方法を考えようと苦心しています。大人たちが頭を悩ませている間、子どもは姿が見えるところには出てきません。


元気学園というフリースクールを立ち上げて、不登校の子どもたちを治療教育し、学校や社会で再び活躍できるようにすることを始めて20年が過ぎました。

始めた頃も今も、不登校に対する社会一般の取り組み自体は、大きく変化していないように思います。子どもの心や気持ちをもとに、学校の力を借りながら、家族が努力して子どもを家から出そうとしているのは、何も変わりません。

「原因は子どもの心にある」。それが、問題解決の出発点となっています。

しかし、解決の入り口に、心を置いてしまってよいのでしょうか？　その日の気分で変わってしまうのが人の心です。移ろいやすい心を頼りに、一人の人間を育てようとすれば、目の前のことにしか対処できません。視野を未来に向ける余裕はなくなってしまいます。

元気学園では、「心は後からついてくる」と考えています。

まずは体調不良を治し、体を健康にしながら、子どもが行き詰まっている教育システムを根本的に見直し、作り変えよう。そして、身体や脳の働きを高めることで子どもの能力全体をかさ上げしてから、心の問題を見つめ直そう。そう考えて、不登校の原因究明と解決に取り組んできました。不登校の子どもたちが持つ曖昧さを、心とは別の視点で科学的に見て判断することに努めてきました。子どもの状態を知るには、複数の視点が必要です。ある一面だけを見ても正しい判断はできません。体調不良に対応しているので、病院の検査結果を教育にいかしています。これも一つの視点です。しかし、より大切なことは、日々の生活の中の様子を多面的に見つめることです。

ほとんどの生徒が寮生活をしているので、子どもたちのすべての時間を知ることができます。昼は勉強を教えて、食事作りをしてご飯を共に食べ、お風呂上がりのくつろいだ時間も、寝ている時間も、朝起きたときの姿も、友達と過ごしているときもずっと様子をうかがうことができます。すると、一般的に不登校の原因だと思われている通りであるところもあれば、まったくの誤解もあることが手に取るようにわかります。心の問題に見えるものは、子どもの「イヤの壁」（のちほどくわしくご説明します）です。これが不登校の問題を見えなくして、問題解決を遠のかせているのです。

子どもに深く関わるということは、家族の悩みに等しい修羅場も経験します。

長年の苦労は、今まさにこの本を手にとっている方たちが悩んでいることと同じです。寮で預かり始めると、昨日までお母さんや先生が学校で困っていることをすべて引き受けることになります。

一方、子どもたちが、再出発するその成長の時を共に過ごすことには、大きな喜びがあります。私のところにやってくる来校者たちが、「生徒さんたち、明るいね」と、不登校のイメージとの違いに、驚きます。うちの子たちは、自分がしていることは「よいことだ」と自信をもっていますし、先輩や卒業生をお手本にして、「こうしていればうまくいく」と、将来に希望を見出していますから、明るいのですよ（笑）。

このように、入学時には暗い顔つきでやってくる子どもたちが、教育の力で、大変貌する楽しみも味わっています。

10年くらい前からずっと本を書こうと考え続けていました。最初は、元気学園の紹介のようなもの、生活の中で子どもが明るく元気になって学校復帰したり、大学に合格したりする姿を書いていました。

すると、「A君の場合、Bちゃんの場合……など、一人ひとりがなおっていく様子が知りたいのです」と言われます。

私は、「うーん」と考え込んでしまいました。不登校だった過去は、家族や本人にとって、必ずしも胸を張って自慢できることではありません。もちろん、乗り越えたことは、成功体験として大きな自信になっています。しかし、心の中に一つの経験として組み込み、人に話ができるようになるまでには、時間のかかり方は人それぞれです。そうなれるまでは、家族の中での笑い話でいるのがいい。だから、丸裸にはしたくない……。

次に方法を変えて、元気学園で取り組んでいる不登校の原因と解決方法について書き始めました。不登校の子どもたちを教育して、どうやって社会に合流させるのか、一冊書き終えて、はたと気付いたことが、「不登校で悩んでいる人のためのものではない」ということです。

不登校で子どもと葛藤している方々は、ほとんどが原因を解決するところまで至っていません。そのずっと前段階で、つまずいて止まってしまっています。

ほぼ全員の不登校の子どもと親が、「学校に行け!」「行けない!」とバトルをすることで発生する「イヤの壁」によって、不登校の原因ではないところで、苦しんでいます。それが不登校の解決はおろか、長引かせることにもつながっているのです。

まず、そこから、知らせなければ‼

不登校の悩みは、家族にとっても、他人に気軽に相談できるようなことではありません。特に子育ての総責任者のような役割であるお母さんにとっては、人にあれこれ言われたくない、できれば、そっとしておいてほしい。でも、誰かに助けてほしい。どうしていいかわからない？と、自分の中に答えはないとわかっていても、誰彼かまわずヒントを求めるということはできないのです。

なかなか相談できず、もう仕方ないと諦めてしまっている気持ちに、本という存在が助けになればと思います。

第一弾として、不登校がよくわからないという方たちに、「不登校はこう見れば理解しやすいですよ」とアドバイスと解決のヒントを与えられればと思います。子どもが不登校になったとき、父母がどのように考え導くか、最初が肝心なので、「不登校になったら最初に読む本」という題をつけました。さらに、不登校を学校や社会に合流させていくには、数多くのステップがあるので、それについて、連続シリーズで書いていきたいです。

これまでの経験で学んだことが、トンネルの先が見えずに絶望の淵に立っている親子に届けば幸いです。小・中学生だけで12万人余り、高校生も大学生も予備軍も含めると30万人ほど、いや、もっといるかもしれません。中学不登校はおよそ10万人と発表されていますが、その数は、なんと、静岡県の中学1年生から3年生まで全員と同じくらいの人数なのです。それほどの学生が不登校で悩んでいます。その中の一人でも多くが、家から出て、自分の道を歩みだせるようになれればと思います。

不登校の子どもたちは、今を生きていません。それは父母も同じで、不登校になる前に戻ればいいのにという後悔、もしくは今を飛び越えて、ずっと先のことばかりです。しかし、未来は今の延長線上にあります。

不登校に関する問題は、子どもに必要な教育をすれば必ず解決に向かいます。心の問題にしてしまって、何もせずに長引かせるのだけは避けたいところです。

この本が子どもたちにとって、泣いて過ごす十代から抜け出せるきっかけになればと思います。また、子どもの不登校で苦しんでいるお父さんやお母さん方の顔が、希望の笑顔に変わることを期待しています。

不登校の解決には、大人の力が必要です。親の協力は不可欠です。ですから、父母は子どもの最大の味方なのだということを再確認できればいいなと、本書を書き進めてまいります。

不登校になったら最初に読む本

もくじ

第2章 不登校解決のカギは、味方の力（父と母の力を発揮しよう）

第3章 不登校の原因をさまざまな角度から見てみよう

第4章 不登校解決へのファーストステップ

第5章

不登校を家族で乗り越えていくために

第6章

不登校を科学的アプローチで解決する

第1章

不登校はイヤの壁

不登校の解決は未来にある

ずっとこのままなのではないかと悩んでいる、親子たちへ。

子どもに適した教育をすれば、不登校は必ず解決の方向に動いていきます。だから安心してください。しかし方法があるとホッとして、何もせずに待っていればいいわけではありません。不登校は時間が解決する問題ではないのです。むしろ時間が経つことで、二次的、三次的な問題が発生していきます。時間とともに問題が大きくなってしまうのです。

不登校の解決が難しいのは、問題を抱えている子ども自身が、問題解決を望んでおらず、一番の抵抗勢力になってしまう点です。「少しでも素直になって、家族と仲良くしちゃったら、『学校に行け！』と言われてしまう」と、身構えています。そこで、学校の先生に頼んだり、友達にお願いしたりと、周りから変えようとするのですが、なかなか、思うように事は運びません。

解決には、子ども自身が、根本的な原因から逃げずに、自分のこととして向き合うようになることが必須条件。それは、自分の目で見て、足で動いて、笑ったり、喜んだり、時には悲しんだりしながら、体を動かし、鉛筆をもって勉強し、人と話して、「努力するように」変わっていくことです。

その子どもを変えるために、お父さんお母さんは主導権をもって道を切り開いていくナビゲーターとなります。今、不登校の子どもと向き合っているお父さんやお母さんは、会話すらままならないのに、子どもを変えるなんて途方もなく難しいことだと思っているでしょう。

もちろん不登校の子どもを学校に行けるようにしていくのは、数多くのステップがあり、家族だけでできることではありません。他人の力が必要です。ただし、助けてくれる人のところまで無理やり引っ張って連れて行くのではなく、自分の足で出ていくよう父母の愛でそっと手助けをしていきます。

子どもの気持ちを持っていく方向を知るためにはまず大人が、不登校になったらどうなっていくのか、そのときどう対応すればいいのか、子どもの状態をよく知らなければなりません。

外に出ていくために親ができることと、できないこと。家族がするべきことと、そうでないことがあります。

子どもが不登校になったとき、これまでのことを後悔したり、反省したりして、うなだれてしまいがちです。

しかし、元気を失わないで‼

「うまくいく方法を探して、やり方を変えてみよう!」。そう希望を持ってみてください。今までどうだったかなんて関係ないのです。解決は過去ではなく、今、未来にあります。

この本の中に、「なるほど、こういうことだったのか」「これならできる」と、明るい気持ちになることがあれば嬉しいです。明るさは、チャレンジしようとする力の原動力。子どもが家から外に出るためには、お父さんお母さんが力を発揮するところです。家族の心に余裕ができれば子どもにも伝わって、「やってみよう」という気力となっていきます。

心の問題に見えるのは、イヤの壁

不登校の相談を受けていていつも感じるのは、不登校の原因と感情がゴチャマゼになっているということです。

ゴチャマゼと言うのは、本来の不登校の原因である悩みと、子どもが「イヤ」と拒絶することに家族が反応して起こるものは、それぞれ別の問題なのに、同じ種類のものとして扱われているからです。

特に、家族が感情的になって、怒ったり、ひどく悲しんだりしているときには、不登校の原因とは関係ないところで、揉めていることが多いのです。「原因に関係ないところで？」とは、考えてもみないかもしれません。しかし、「そんな言い方しなくてもいいのに」「その態度は何！」というところから始まって、イライラした気持ちが、ドミノ倒しのようになって、家族間で、バンバンバーンとぶつかり合うことってありませんか？

きっかけは不登校なのだからすべて不登校が原因に違いないと思い込んでいると、ねじれた糸がさらにこんがらがってしまうことになってしまいます。まずそれを整理することから始めましょう。

不登校の子どもたちが心の問題を抱えているように見えるのは、ひとえに気難しいからです。子どもは不登校の原因もはっきりと言わないし、助けてほしいとも言わない。どうしてほしいかを聞いても、「わからない」と答えます。

周りから見るといつも不機嫌で、核心に近づこうとすると気を許した会話をしない。だから、心に何かがあるのかと思ってしまいます。

その気難しさは、子どもの「イヤ」です。

あれもイヤ、これもイヤと、自分の前にイヤを並べて、まるで壁のように周りを囲ってしまいます。

いろいろなタイプの不登校があれど共通して見えるのは、子どもが作った「イヤの壁」です。そのイヤの壁は万里の長城より強固で、すべての社会活動を止めてしまうほどです。誰でもイヤなことはあるけれど、まあ、仕方ないとか、それなら別の道を選んで妥協しようというように回避しています。

でも、そんなことができないほど、イヤの壁は強くて堅くて高いのです。それだけ、苦手なことがあるともいえるでしょう。そのイヤの威力といったら、ただ事ではありません。そばにいるだけで、発せられるイヤイヤ光線の力で、周りが寝込んでしまうほどです。

ただ、どの子もイヤという場所が違って、勉強がイヤ、誰かが自分に放った言葉がイヤ、動くのがイヤ、授業中座っているだけでもイヤ、「何で休むの？」と聞かれるのがイヤ、などなどいろいろなイヤがあります。不登校がこじれればこじれるほど、子どもは、自分の前に巨大なイヤの壁を作り、何でもイヤ、全部イヤとなってしまいます。そのイヤの壁にすっぽり身を隠して、姿を現しません。周りからは本人が見えないため、「不登校はわからない」となってしまうのです。

これを心の問題として対処すると、不登校を長引かせることになります。

イヤの壁は三重になっている

そのイヤの壁ですが、実は三重の構造になっています！

三重になっていると考えると不登校を理解しやすいのです。

一番子どもに近いところにあるのが、第一のイヤの壁です。

これは、不登校の原因にあたるものです。子どもは学校に行きたくない原因に対してあれもイヤこれもイヤと、イヤの壁で自分を囲っています。原因を知ることは問題解決にとって、避けては通れな

イヤの壁は三重になっている

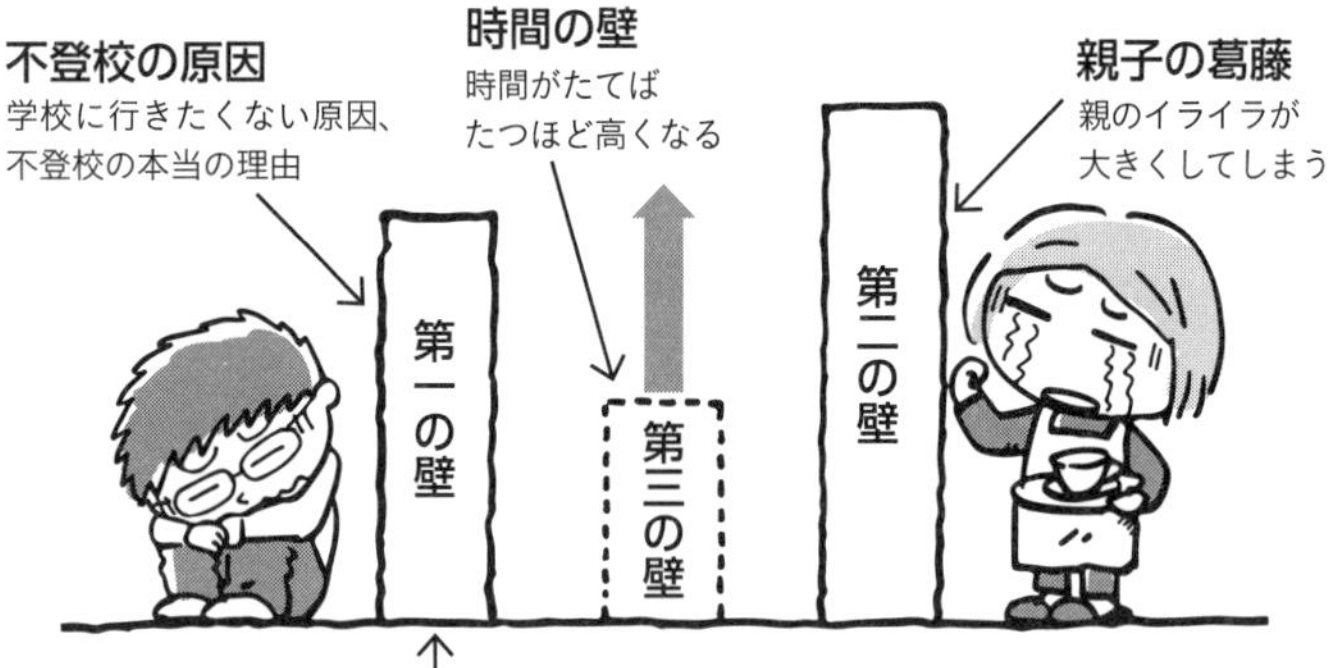

本当は第一の壁を解決しなければいけないのに……多くの家族が第二の壁の前で子どもが見えなくなってしまっています。そして時間がたつほど、第三の壁が高くなり……。

いものですから、後の章でじっくりと説明したいと思います。

次にできるのが、第一の壁の外側にあって、親と対面している第二の壁です。これは親子の葛藤によってできてくるものです。

そして、第三の壁は、第一のイヤの壁と第二の壁の間にできていきます。

不登校している時間が長くなればなるほど、大きく育ってくるイヤの壁です。時間の壁と言い換えるとわかりやすいでしょう。

不登校の根本的な原因は、第一のイヤの壁。しかし、その第一の壁に取り組んでいる親子はとても少ない。多くの不登校に悩む家庭が、親と向かい合っている第二のイヤの壁に押し返されて、大きく混乱しています。

第二のイヤの壁は親の一生懸命が大きくする⁉

休むと言い始めたとき、「風邪なのかな？　少し休ませて様子を見よう」。

仕事をしているお母さんは後ろ髪を引かれながらも、昼ご飯を準備して出かけていきます。

数日たって、状態が安定すると、「どうして行かないの？」「何かあるの？」と聞いてみますが、子どもに問うても答えは返ってきません。家での様子はテレビを見たり、ゲームをしたり、結構元気そうにしています。

「休養もとったし、そろそろ行けるんじゃないの？」と思い始め、「何しているの？学校は？」との問いかけが倍増していきます。

子どもがはっきりしない態度をとると、「どうして答えないの！」と腹立たしげに問い詰めたりします。泣き始めると、「泣いてもわからないでしょ‼」

家で機嫌よくしているときの態度はごく普通で、十分学校に行けるように見えます。けれど、学校となると強い拒絶をします。

「これはわがままかも？」「これではどんどん学校に行けなくなってしまう。どうにか食い止めなければ！」と考え始め、さらに力が入ってきます。

するともっと拒絶を始めて、泣きわめいたり、ご飯を食べなくなったり、挙句の果てには、家族がいるときには部屋から出てこなくなったりしていきます。

これが第二のイヤの壁ができていく様子です。

「学校に行け！」を繰り返すほどに、「できないって言っているのに、どうしてわからないんだ」とひどく腹を立てて、その第二のイヤの壁を強くしていきます。

親が学校に行けと言うのは、子どもの将来を思ってのこと。わが子かわいさのためですが、皮肉なことに一生懸命になればなるほど、イヤの壁を高くしてしまいます。

親が言うことはもっともで、正しいのです。「学校に行ったほうがいい」「休むとさらに行きづらくなる」。子のほうも、その通りだと思っています。

でも、子どもの理屈も正しい。「学校はつらいからもう嫌だ」「学校には行きたくない」「逃げてるのに、どうしてわからないんだ」。

不登校の子たち、みんな口では「学校に行きたい」と言うのですよ。だけれども、体は動きません。それは、やっぱり「イヤ」と言っているのと同じですね。

このように、この第二のイヤの壁は、親子の摩擦によって生まれます。

不登校の原因となる第一の壁は、学校から離れれば薄れていきます。しかし、この家族間でできる第二のイヤの壁は、毎日顔を合わせるたび、「ああ、また今日も行かないのか……」とため息をつくような態度や見えぬプレッシャーを受けて、子どもがへそを曲げていった結果、壁は強く、たくましくなっていきます。不登校がきっかけの親子喧嘩、さらに、たまたま機嫌が悪かったことなど日常生活の些細なやり取りの結果生じるものも合わせて、第二の壁をどんどん高くしていきます。

不登校をこじらせているのは、この第二のイヤの壁です。感情にとらわれて、親子が意固地になっていくことで問題解決から逆行してしまうのです。

しかし逆に考えると第二の壁は、家族の摩擦によってできる壁ですから、家族の対応次第で、イヤの壁を最小限に抑えることができます。見方や考え方を変えただけで、ずいぶん変わってくるものです。できるだけ大きくせずに、本来の不登校の原因（第一のイヤの壁）に目が向くようにしていくように舵を切っていきます。

待ちなさいのアドバイスの意味するところ

子どもが不登校になり相談に行ったカウンセラーから、「待ちなさい」とアドバイスされている方も多いでしょう。

このアドバイスは、不登校の一つの側面、状態の悪化を食い止めるにはとても大きな効果があります。不登校は、なおそう（＝学校に行かせよう）とすればするほど、同時進行で、悪化していきます。そうやってこじらせてしまうのです。

子どもが不登校になったとき、「家族」に細心の注意を払ってもらいたいのは、こじらせないことです。

こじらせるというのは、不登校が長期化すること。それだけではなく、引きこもり状態が続き、家で暴れたり、生活習慣が乱れたりして、親の言うことをまったく聞かなくなること。精神状態が乱れたり、薬の量が増えていったり、自傷や死にたいと言い出したり、食事の量が極端に減ってきたりと、こういう状態が続くことです。こじらせると前向きな気持ちをなくし、意欲をどんどん失っていきます。

不登校をこじらせるのは、学校や社会だと思っていませんか？　不登校になる原因の多くは、学校生活の中にあります。しかし、こじらせてしまうのは家です。

「親が？　家族が？」と思うかもしれませんが、家族は誰よりも本人の近くにいます。

家族が気付かない不登校の前兆期から、子どもの心には挫折も葛藤もあり、複雑な感情の中にいるので、気持ちは荒んでいく方向にあります。

家では態度が悪くてふてぶてしくしていても、心はとっても気弱になっています。そういうときは、言葉や態度にとても敏感です。父や母からのちょっとした言葉がものすごく痛く、励ましは自分へのムチのように感じてしまいます。その弱っている状態、ささくれた心の隣にいて、刺激を与えるのが家族なのです。

家族は、他人はしてくれない細々とした世話も、親切にもしてくれますが、他人なら言わないことも言います。子どもを追い詰めるのは、言葉だけではありません。言葉にしなくても、顔つきや態度がすべてを表しています。

もちろん傷ついているのは、子どもだけではありません。

学校に行かないことで、親自身も大きな戸惑いの中にいます。

自分の今までの常識で関わろうとして、大きく拒絶されてショックを受けることもあるでしょう。

ただ「何が何でも学校へ」という気持ちや、「こうあるべき」という真面目さが、知らず知らずの間に子どもを「もうダメだ」という方向に追い込んでしまうところにこの問題の難しさがあります。

わが子ゆえに、つい一生懸命になることが、子どもを苦しめ、その結果、こじらせると家族しか対応できず、さらには家族の言うことも聞かなくなり、家族ですら対応できなくなっていくのです。

このこじらせるのを防止するという意味では、「待つ」というのは有効です。「待つ」ということで、学校のことを口うるさく言う必要がなくなります。態度や言葉で子どもに過度な刺激を与えなくてすみます。

また、待ちなさいというアドバイスは、しばらく学校から離れなさいという意味もあります。

不登校をアレルギーに例えると、アレルギーの原因であるアレルゲン（＝学校）がある場所に近づくと、かゆみが出始めて、ひっかきだして、エスカレートすると引っ掻き傷で皮膚が傷だらけになる。しかし、そのアレルゲンである学校から離れると、穏やかで何もなかったような状態におさまります。

親が穏やかになるのは、第二の壁を大きくしないというメリットがあります。

ですからその急激なアレルギー状態が落ち着くまでは、学校から離れるというのは効果があることです。

不登校は待っていてもなおらない

待つに当たっての日々の悩みは、子どもの一日の時間の使い方です。

空いた時間、暇にあかして、ゲームや漫画、ネットなどが入り込んでしまうと、不登校の原因ではない、次の問題が発生してしまいます。

ですから新たな悩みを増やさないように、上手に待つためには、子どもとの程よい距離感を保っていく努力が必要です。しかしいろいろと気を巡らせながらも、知らんぷりをするのは楽ではありませんね。私としましては、待ち続けるのはよくないし、待つ時間が惜しいと思っています。たとえ待つとしても、その時間は最小限にしたほうがいいと思います。待つのはこじらせないというよさもありますが、子どもが抱えている問題を積極的に解決しているわけではありません。待っている間に教育を受けない時間ができることが、次なる悩みへとつながってしまいます。

同級生と比べだすと、常に「間に合わない」と焦りしかないので、数年先に目を向けたとしても、何もしない時間はできるだけ短いほうが次のステップに移りやすいものです。待つことでできていくのが、第三のイヤの壁です。休んでいる間に、勉強だって遅れていってしまいます。

時間を後で取り返すのは、とても大変なので、今の時間を大切にしたいですね。実際子どもの状態や不登校の原因を理解できたとしたら、待つ必要もないし、子どもの心が穏やかになるまで待つとしても、待ち方があります。何もせずにただ待つのではなく、着々と次の準備をして待つのです。

不登校になって家に逃げ込んでいるときの子どもの気持ち

学校に行かなくなるときの、子どもの気持ちを考えてみます。

不登校のイメージはどうですか？　ある日急に学校に行かなくなる。そういうものでしょうか？

１００人のうち99人は、そういうことはないと思います。前兆は常に見え隠れしています。

イヤだな、つらいなと思うことがあって、でもそれでも毎日行く。テストや競争は、苦しいこともあるしストレスもかかる。でもワイワイ話をする友達がいるから、出かけていく。そんなバランスの中にいます。そのうちつらいな苦しいなイヤだなと思うことがどんどん大きくなる。でも、学校には行く。気が重いし、機嫌がよくないので、周りからのちょっとした言葉が気にかかる。バカにされることなんかがあると、恥ずかしいし、相手に言い返せない分、怒りは頂点に達する。そんな思いを繰り返しながら、どんどんイヤな気持ちが大きくなります。耐えきれなくなったときは、もう気持ちは目いっぱい。風船が膨らむだけ膨らんで破裂寸前です。そこに、ちょっとした刺激でも加わろうものなら、パーンとはじけてしまいます。

このときに、「学校に行かない」が始まります。

子どもにとって学校に行かないのは、一大決心です。だけれど、不登校になるきっかけは、本当に些細なこと。風船の最後の一刺しがきっかけ。だから、「えっ、そんなことで？」ということばかりです。でも、子どもって、そんなちょっとしたことが

1回あるくらいで、不登校＝学校に行かないという決断をすると思いますか？

子どもだって、「がんばらなきゃ」「細かいことばかり気にしていたらいけない」「くやしー！　次には見返してやる」そういう気持ちがあります。

子どもは世間が小さい分、その気持ちは大人以上に強いです。また、休むことのリスクだって、まったく考えないわけではありません。お父さんに叱られたり、お母さんと喧嘩になることだってよく知っています。

それでも、布団にもぐりこんでしまうのは、なぜか？

それは、些細なことが原因なのではなく些細なことですら我慢できなくなるほど、文句や不満、イヤという気持ちのタンクが、いっぱい、いっぱいだからです。あと一滴落ちてくると溢れてしまう。たった、一滴だけど受け入れられない。

だから、不登校のきっかけになる刺激だけを見ると「ちょっとしたことで不登校になった」と考えられてしまうのですが、子どもの中では、疲れ果てて体には擦り傷がいっぱいできて、もう限界といった状態なのです。

このように子どもは、学校という場所で戦いに敗れて家に逃げ込んでいるようなものです。ですから、背中を撫でてあげて、温かいごはんとふとんで休ませてあげるべきなのですが、「ここで手綱を緩めたらこのままどんどん易きに流れてしまう」とがんばらせてしまうのがお母さん。これも母の愛ではあるのですが……。

わが子にとって、「学校って大変なところなのだね」と理解してあげると、対応方法も変わってくるのではないかと思います。そして、不登校のきっかけは些細なことですが、原因は別のところにあります。きっかけと原因を混同しないようにしてくださ い。きっかけを原因だと思ってしまうと、第二のイヤ壁を大きくしてしまうことになります。

第三の壁は、「時間」とともに

学校は、1日休んだだけでも、次の日、みんなのことが気になって行きづらくなります。3日も休むと、「どうしたの?」に答えるのも、何て言えばいいかわからないし、勉強も何をしているのかわからない。

大人であっても、会社を休んだときに、同じ気分になりますよね。決定的に体調不良があるわけでもないのに仕事を休むと、次の日何となく足が重い。自分がいない間に重要な案件が決まってしまっているかと思うと、疎外感を感じてしまう。

もともと学校がイヤだなと思っているところに休み始めると、一気に置いてけぼりになってしまいます。これが、子どもが休み始めたときの気持ちです。

1週間もたつと、次に起こるのは体裁が悪いということです。どんな顔をしてクラスのみんなの前に出て行けばいいのだろう？ なぜ休んだのか聞かれたとき、どんな取り繕いをすればいいかわからない。口ごもってしまうくらいなら、行かないほうがいいと思ってしまうのです。

そもそも学校がイヤなのです。だから、イヤに掛け算で同級生に「会いたくない」が始まります。

そうこうしているうちに、あっという間に1年が過ぎてしまいます。1年、2年、そして、5年、10年……大げさだと思うかもしれませんが、何もせずにいると時間がたつのは早いものです。

私のところに子どもが18歳以上になって相談に来る父母は、「待っているとどんどん子どもが動かなくなって、あっという間に時間が過ぎた」と、みな口をそろえて言います。

この時間が長くなればなるほど、教育を受ける機会を逃します。

「不登校は、待っていてもなおらないよ」と元気学園ではアドバイスしています。その理由は、時間がたてばたつほど社会と離れてしまって、合流しにくくなるからです。

不登校から引きこもりやニートに発展するケースが通常の7倍程度だという調査結果が物語っているように、この壁がそのまま、働けない、働かないといった問題に直結していくのです。待っている間に自ずとできてしまう、第三のイヤの壁。何もしないブランクは短いほうがいいに決まっています。自立して生きていくのに必要なことを身につけられずに大人になってしまうということが大きな壁になるのです。だから、第三のイヤの壁は、時間の壁。何もしない時間が長くなればなるほど、外に出ていく障壁となります。

第二のイヤの壁と第三の壁は連動していて、不登校の原因（第一の壁）に取り組む前に起こっていることです。教育しない時間を後で取り戻すことの難しさを考えると、「何もしない時間」を短くする努力のほうが何倍も楽です。

第二と第三の壁は、親子関係が強く関わっています。不登校で悩んでいる方の大多数が、この第二の壁の前で佇み、そこで止まっている間に第三の壁でノックアウト！

不登校の原因である「第一のイヤの壁に、できるだけ早く目を向けないと！」と気付いたとしたら、大きく前進です。子どものために親が助けられるところは、不登校の原因を解決しようとするところまで連れてくることです。

第一のイヤの壁の前に進むために、不登校とどう向き合えばいいかを次の章にまとめてみました。

第2章

不登校解決のカギは、味方の力
（父と母の力を発揮しよう）

子どもは希望が欲しい

学校やこの先の話を子どもとし始めると、つい、口走ってしまうのが、「そんなことをしていたら、将来生活していけない！」「ホームレスになってしまうぞ‼」ではないでしょうか？

時には、現実を知ることも必要ですが、顔を合わせるたびにお先真っ暗な話ばかり。これでは、前向きな意欲など出てきません。

それによくあるのが、「学校に行かないなら、働きなさい」。

働くことは学校に行くよりずっと難しいと知っているのについ口走ってしまいます。わが子を見て、そんなこと、できっこないとわかっているのに言ってしまうのです。

不登校の子どもたちに、できないことを言って困らせて追い込むのはNG。

学校から逃げてきて、家でホッとしていると思ったら、「家にもいじめっ子がいた！」という気分になって、部屋に逃げ込みます。これが、家庭内での引きこもりです。

世間とはどういうものかや常識を教えるのは、伝えたいことすべてより、相手が受けいれられる程度に加減するといいと思います。誤解があると困るので、一言加えますが、言うべきことはきちんと伝えるべきです。しかし、あまりしつこく説教するのは、やめたほうがいい。薬の効き目も強過ぎると、その副作用で、病気になってしまいますからね。

その程度を決めるのは、常に受け取り側である「子ども」です。

それより、「これならできそうだな！」と思うこと、希望を語ってあげてください。

子どもは、希望が欲しいのです。

お父さんやお母さんも、不登校は、なおらないと思うと、何をする気も失せてしまうと思います。しかし、なおったという話を聞くと、「ああ、人にできるなら、うちも」と、希望を持ちますよね。子どもも同じなのです。

幼い頃に、こんなエピソードがあって、「笑ったよね、楽しかったよね」と、思わず微笑んでしまうような話をして、ほのぼのとした気分になってみるのもよいと思います（加えて、不登校になるかもしれないと不安でこの本を手に取っている方がいましたら、NGワードは、長い間の蓄積でやる気をすり減らしていきます。だから、常日頃から、気にかけておいてくださいね）。

不登校、同じ悩みに希望を

不登校になると、「もうだめだ」と力が抜けてしまって、表情も少なくなっていきます。

今、気力に満ちている私のところ、元気学園の生徒や卒業生たちも、出会う前は、学校にも行けないし、「もう自分の将来ダメかも……」と真っ暗な気持ちで、あきらめていたと言います。

しかし、出会いが人生を変えていきます。

適した環境を与え、適した教育をしなおすことで、自分のために努力するようになっていったのです。

日々の取り組みが積み重なった結果として、毎年、少ない中で、国公立大学に入学していく生徒がいます。

東京大学に合格していく子もいるし、医学部など医療系の学校にも進学していきます。この子たちがみな声をそろえて言うには、「自分の人生が変わった」ということです。もちろん、そのお父さんやお母さんの喜びようは、わが子に憤悶し、自分を責めてきたゆえに、それ以上のものかもしれません。

医療系の大学は、筆記だけでなく、二次試験に面接があります。入学してからやっていけるかどうかを、そこで見ています。元気学園の高等部の生徒は、高卒認定試験を経て、大学に進学していきます。

すると、「高校ではなく、高卒認定試験で進学してくるケースは初めてです」とどの子も言われていて、大変珍しいことだとわかります。入学試験の面接のときに、「また不登校になるのではないか」と不安に思わせることがなく、「この子なら大丈夫」というラインをクリアしているのは、一日限りの入試だけでなく、日常生活においても信頼感を得られたということです。もちろん、進学後も、きちんと学生生活を送っていますよ。

どの子も、家にいるときは、今不登校で悩んでいるご家庭と同じような状態だったのですから、同じような悩みを持っている人に、「方法はある」と希望を持ってもらえればと思います。

入学してきたときは、体調も悪いし、まったく勉強も手につかないし、不安や緊張が強く、落ち着かない状態からのスタートですから、きちんとしたことに取り組めるようになるには時間も手間もかかります。しかし、不登校の原因から目をそらさず、成長の時機を逃さずに根本的な取り組みをすれば、後になってみれば、不登校であったことは、「そういえば、あの頃いろいろあったよね」と家族での笑い話です。

学校へしばらく行くだけなら簡単

不登校で悩まれている方から、「本当ですか⁉」と疑われるかもしれませんが、子どもを上手におだてて、ちょっと学校に行かせるくらいなら、すぐにできます。

刺激を与えて、その気にさせることは、それほど難しいことではありません。

しかし、それで一日行ったからといって、ずっと続けて通えるかというと、できません。

むしろ、ちょっと行くだけを繰り返すと、子どもの傷は、どんどん深くなります。

少し気持ちが変わっただけで、学校に行って、また、つらいから不登校をして、また行っては休むを繰り返すと、子どもの中に、失敗の経験ばかりが蓄積されてしまいます。些細なことで、くじける心を作り、ますます回復しづらい状態になってしまいますから注意してください。

これは、引きこもりにも通じることで、つらいことが一度あるから引きこもりになるわけではありません。

外へ行ったときに失敗を、一回ではなく、二回、三回……と繰り返すことで、家から出て行かない状態になるのです。

ですから、子どもが、学校に続けていくには、失敗しないように、実力をつけてから、次のステップに進むことが大切です。

このちょっとだけ行くのを繰り返すのは、不登校の初期段階、年齢でいうと、小学生から、中学1、2年生くらいに多いのですが、心がぽっきり折れてしまったら、次に動き出すまでに1年以上かかることも珍しくありません。

なおったというのは、ずいぶんと人によって感覚が違うようですが、私のところでは、不登校を繰り返さないこと、休まずに教室に入って授業を受けられるようになること、1年後もその先も、学校や社会に出て、人の中で自分の能力を発揮し続けられることだと思っています。

ほとんどの人は、家で落ち着けば、学校に戻るという方法を想像するのではないでしょうか。

しかし、いきなり学校に行くのは、子どもにとって、とても難しいことです。

不登校の原因を、「心」にあるとすれば、ふさぎ込んでいた気持ちが持ち直せば、また前と同じように行けるのではないかと考えてしまいます。

しかし、原因は、その心自体にあるのではなく、その心を生み出すものにあります。学校に行きたくない気持ちにしてしまう、「何か」を学校に行く前に解決するほうが先です。

いきなり学校に戻そうとするのは、階段のステップが高すぎます。ですから、その原因を解決するために、家と学校をつないでくれるところ、そこは、それぞれの子どもに適した、準備をする場所が必要です。

不登校を甘く見ちゃいけない

不登校は、片手間でどうにかなるような問題ではありません。家にいるときには、元気そうで、何も問題ないように見えるかもしれませんが、そう簡単に不登校になっているわけではないのです。

不登校という危機は、特別な援助がなければ乗り越えられないものです。

ですから、父母も「真剣に取り組んでほしい」。

切にそう願います。

不登校になったら、子どもの力だけでは、決して解決できません。大人の少しではなく、大きな助けが必要です。助けてくれる大人の筆頭がお父さんお母さんです。だから、子どもが不登校になったとき、親自身がどう考え、どちらの方向に導くかが、とても重要なのです。

できるだけ、父と母が考えを一つにして協力するとよいと思います。方向を示せば、祖父母もきっと助けになってくれるでしょう。

親は、長引かないように、しっかり腰を据えて、取り組む気概を持ってください。不登校の問題が大きくなるのは、今、学校に行かないことではなく、子どもが実力をつけない状態が、続くことです。それは、親子にとって、この先の一生を決めることになっていきます。

大げさでも何でもなく、不登校は働くことにも、結婚や親の老後にも関わっていきます。学校に行かないから不登校で、学校に行く年齢でなくなったら不登校は解決するかというと、次には、社会に対しての不登校が始まります。働けない、働かないということに、つながってしまうのです。

このように伝えるのは、親がもっと熱心になれば、解決できるのに、「いつかどうにかなるかもしれない」と考えているばかりに、最適なタイミングを逸してしまうことが少なくないからです。

どんなことでも、一生懸命するのと、「いつかどうにかなる」と、なりゆきまかせで取り組むのでは、かかる時間も、また得られる結果も、まったく違うものになりますよね。不登校も例外ではありません。

不登校の真の悩みは、学校に行くかどうか、出席扱いになるかどうか、ではなく、「何を身につけたか」。

学校に行っていても、保健室で何もせずに過ごしているのであれば、この先、以下のことが心配事として出てきます。

・学力をはじめとした知識や知恵が身につかない
・人と仲良くできないその以前に、人と一緒にいることができない
・健康をはじめとして、生きていく上で必要なことを身につける場所がない

今不登校であることより、体力をつけたり、勉強をしたり、人と協力し合うといった能力を高める努力を、何もしない状態が何年も続くことのほうがずっと大きな問題

です。

気が付いたら、その日から。今が一番早いですね。不登校は、子どもの年齢が低ければ低いほど親が助けられることも多く、解決までの道のりも緩やかです。

子どもから「良くなりたい」気持ちを引き出そう

なかなか、動かない子どもをその気にさせるには、叱ったりおだてたり、あらゆる手段を講じて、苦心するところだと思います。誉めたり叱ったりと、北風（厳しい作戦）と太陽（優しい作戦）の両方の効力を使って、できるだけのことをしてみます。いろいろ手を尽くしてうまくいかないと思っている親御さんに、自信を持ってもらいたいのは、子どもは、「親の期待に応えたい」と思っているところです。

どの子にも、この気持ちがあります。その気持ちがあるのに、「どうして学校に行かないの？」と思うかもしれませんが、それは、できないからしないのです。できるなら、喜んで学校に行っているでしょう。

できることなら、するのです。子どもの立場になってみると、「学校は無理。だから、もうちょっと、自分にできそうなことを言ってきてよ」と、親がしてくる提案内容が悪いと思っているかもしれません。

ただし、今までの親子関係で、親が言ってくることに不信感を持っている子もいるし、また、失敗を繰り返すと臆病になっている子もいるでしょう。

その子どもを動かすには、「良くなりたい」という気持ちを引き出すことです。

今までかわいがって育ててきたわが子ですから、必ず、「親の期待に応えたいし、このままじゃいけない。良くなりたい」という気持ちがあります。

良くなりたい気持ちは、親の愛情が引き出していくのです。時間がかかっても、必ず、どこかに潜んでいます。親子で探し出してください。その気持ちを、子どもに必要な助けをしてくれる人に、バトンタッチできれば、家から外へ、道がつながります。

臨界期だから、「焦らず急げ」

不登校になると、どうしても、同級生たちとの差が開いていくことが、日々心配になります。本人より、お父さんやお母さんのほうが、ずっと心配しているでしょう。

しかし、同級生との比較よりもっと重大なことがあります。

わが子一人だけを見たときに、その時期しか得られない能力を獲得できるかどうかです。周りは一切関係ありません。一人の人間の脳や体の成長という視点から、不登校を見てください。

子どもにとって大切なものを見落としていませんか?

骨格は、十代の成長期の時期だけです。それを逃すと、大きくはなりません。20歳過ぎて、身長を伸ばそうとして、どんなに牛乳を飲んでも、横に太るだけで、縦には伸びません。

成長とは、変化があるということです。変わるというのは、良くもなるし、悪くなることもある危ういものです。しかし、可能性という意味では、希望に満ちています。

十代は、体を作るだけではなく、ものを理解したり覚えたりするための脳も、まさにこの年代に作っていています。人付き合いの基礎も、この年齢のときに構築しています。とても大切なことですよね。

また、朝起きて一日活動するという生活リズムも、ある年齢を過ぎると、その能力を獲得するのが、とても難しくなります。生活習慣も、幼いころから時間をかけて、身につけていくものです。

「後でゆっくりすればいい」と思ったとしても、体の成長のチャンスは心の時間に合わせてくれません。生物としての、生まれてからカウントされている成長の時間は、すべての人に与えられているものですが、待ってはくれないのです。

私のところで実践している教育プログラムは、脳や体の成長をいかしながら、不登校になってしまう原因を解決していっています。だから、なおさら、この成長のチャンスをいつも、身近に感じています。

この年齢の数か月、1年の差で、効果が大きく違ってくることを、経験から学んでいます。

本人にやる気があってもなくても、学校に行っていても行かなくても、体のリミットは刻一刻と進みます。幼い年齢、中学2年生くらいまでは、努力に対しての成果が大きいですね。だから、不登校の陰に隠れて、見落としてはいけないのが、成長のチャンス、成長の可能性です。焦って浮足立っても、結果につながりません。でも、急がないと、チャンスが逃げてしまう。

だから、不登校は、「焦らず急げ」なのです。

子どもには、決して勝てない、だから味方だと確認し合おう

毎日、学校に行けとか行かないとか、言ったのにするとかしないなど、顔を突き合わす回数が増えると、言い争いも増します。エスカレートすると、どっちの意見を通すか、力比べのようになっていきます。

あるときは子、あるときは親が勝つのですが、勝っても負けても決して愉快な気分にはなれません。親子喧嘩は、多少なら親子のレクリエーションであり、ガス抜き効果はありますが、後味が悪いものです。

例えば、中3の女の子が、学校も行かないのに、家でネット三昧で暮らしているから大ゲンカ。「それなら出ていきなさい」。

すると、「出て行ってやる！」と夜遅くなっても帰ってこない。

どうしてしまったんだろう？

待っている間、何かあったらどうしよう、事件に巻き込まれてなければいいけれど、家族は、帰ってくるまでそわそわ。さまざまな心配が頭をよぎります。最初は怒っていたのが、そのうち、「あんなことを言わなければよかった」と深く反省してしまいます。すると、親は子どもに何も言えなくなります。逆に、子どものほうは、反省なんてすることはありません。親の出具合を計算して、「このくらいでそろそろ家に帰ろっかな」。

こういう場合、イニシアチブは子どものほうにあります。自分は大切にされていると知っている、余裕を持ってしている行動です。このように、子どもが自分を脅しの材料にし始めると、もう、誰も何も言えなくなっていきます。激しい喧嘩になればなるほど、親は不利になってしまいます。

だから、同じ土俵では勝負しないこと、同じ土俵に乗らないことです。

感情に任せた親子喧嘩は、エネルギーの無駄遣いです。

互いに歩み寄らない喧嘩は、ますます溝を深めます。「あれこれ言われて、気分が悪くなったから、しないよ〜」なんて、へんな理由にもされてしまいます。

戦えば、勝ち負けを決めることになる。だから、同じ土俵で戦わない。

愛は、決して相手を敗者にしない。けれど、勝者にもしません。

不登校に関していうと、親子は、敵ではなく味方です。

戦うのではなく、親は、味方なのだと、子どもにわからせるし、自然に感じられるような努力をしていきます。

親だけで奮闘するより、また、子ども一人で悩むより、親子が力を合わせていけたとすれば、解決の可能性がどんどん広がっていきます。

特殊な成功例でも特別なケースでもない不登校の悩み

かつて不登校だったけれど、今社会でこんなに活躍していますといった成功の本を読むと、「こんな人がいるんだ。がんばってるなぁ」と希望を持てます。

父母を勇気づけてくれますね。しかし、現実に立ち戻ったとき、ほんわかとした夢は見えるのだけれど、今の困ったことには答えてくれません。

「今」困っていて、「今」答えを求めているのだけれど、どうしていいかわからない。これが、不登校の子どもたちの父母の気持ちなのではないかと思います。

この本では、千に一つの特殊な話ではなく、残りの999の家族が悩んでいる共通の悩みに答えていきたいと思っています。

不登校になると、悩まない親はいないし、学校に行ってほしいと思わない親もいない。けれど、そこには、学校に行きたくない、もしくは、行きたいんだけど行けないという、わが子がいる。それを、どう解決していくか。

無理やり学校に行かせようとするのがいいのか、それとも、本人が動き出すまでただひたすら待ったほうがいいのか、待つとしても、何をしていても黙って言わないほうがいいのか、ネットやゲームを取り上げたほうがいいのか、どう対応していいか、一つ一つに迷うものです。

自分の一言が、子どもの拗ねた行動を生み始めると、さらに子育てに自信を無くしてしまいます。

「今子どもがこんなことを言いました、次にはどう返事をすればいいですか？」

誰かにそう聞きたいくらいの気持ちになっていきます。

子どもと行われている会話の直接のアドバイスはできないけれど、不登校の子どもたちやその父母と長年関わってきて、「皆、同じようなところで悩んでいますよ」と知らせることはできます。

苦しみが深いと、まるで人類初！の悩みのように思ってしまうのですが、悩んでいることは、自分一人のことではなく、すでにもう何十万人の人が悩んできたことです。

相談にくる方から話を聞くたびに、「それは、○○ちゃんと同じだなぁ」「みんな、そうなるのですよ」「その場合、次には、これが起こりますよ」とお話しできるほどです。同じような悩みがあり、そこをクリアしてきた人がいるのですから、ダイジョウブ。方法があるということです。親も子も、歩みは、一歩一歩です。

どこで学ぶかより何を学ぶか

子どもの将来を不安に思っているお父さんやお母さんに、考えてもらいたいことがあります。

投げかける疑問は、「学校とは何か」です。

今の学校に戻ってほしい、どこか「学校」と名のつくところに行ってほしい、という気持ちがあまりにも強すぎて、子どもの能力を超えた希望になっていませんか。

学校に行ってほしいという気持ち自体は、何も間違えていません。間違えていないから、厄介です。

しかし、目の前の子どもはできない、だから、その矛盾を無理して通そうとすると、子どもを無視した暴走に陥りやすいのです。自分にとっては当たり前だと思っていることが、子どもにとっては、泣くほどイヤでつらいこと。どちらに合わせればいいのでしょうか？

子どもには個性があります。大人数の集団教育には向かない子もいるし、虚弱でとてもみんなのペースについていけない子もいる。子どもの発達のスピードは同じではないので、遅咲きの子もいれば早熟な子もいます。

才能にあふれている子もいれば、何をしてもなかなか上手にできない子もいる。よい個性を伸ばし、人の中で生きづらい個性は剪定しながら、大きくなっていきます。

「こうでないといけない」と思うことが、子どもを苦しめていませんか？

また、そのこだわりは、親自身を不幸な気持ちにしていませんか？

もしそれが、こだわりの呪縛であれば、一度すべての制約を外して、わが子を見つめてください。生まれてきたとき、あんなに嬉しかった小さな命の誕生。この笑顔を守り続けようと思った日のことが蘇ってくるのではないでしょうか。

不登校の問題解決は、学校復帰ということに誰しも異論はないでしょう。もちろん、私のところも、学校に合流して、一つの目的を果たしたことになります。

しかし、それを最終目的にした教育はしていません。

学校に行くだけを目的にすると、すぐに行き詰ってしまいます。またすぐに、今していることが「続けられない理由」が目の前に立ちはだかります。

元気学園だけでなく、働けるようになるための自活館での活動をしているからか、30歳を過ぎ、40、50歳を過ぎた働けない子をもつ親たちからの相談も受けます。

その中で、この学校復帰は、解決のプロセスの中での通過点であると気付きます。

「学校」に拘り過ぎるあまり、子ども自身が、「学び」を拒絶してしまう。

学校で気持ちよく日々を過ごせるのならいいのですが、泣きながら行くことに何の意味があるのでしょうか。

子どもにとって、必要なのは、どこで学ぶかより、何を学ぶか。何を学んだかです。最終的には、「何を身につけたか」なのです。不登校の問題の、原因にも関係し、さらに、その結果として、大人になって生きていくことについても大きな影響を与えるのが、この「学び」です。

学校に執着するあまり、振り返ると、思春期の最も脳に知識が入る時期に「何にも学んでいなかった」とはならないように、子どもに適した学びについて、考えてみてください。

「我が家にとっての、不登校の解決は、何なのか」それが、学校とは何かを突き詰めていくと出てくるテーマです。

腰を据えて取り組むことだけれど、親が対応できる期間は短い

不登校の原因がどこにあるかにもよりますが、多くの場合、こじらせなければ、親が対応できる期間は短いものです。

不登校になったら、家族で抱え込むしかないと思っていた方からすると、意外に思うかもしれません。

もちろん、大人になるまで、躾や生活の部分では、サポートは常に続きます。これは、不登校でなくても、どの子どもでも、子育ての基本は同じです。

不登校というと、「家から出す」ということろばかりに目がいってしまいますが、注目するべきことは、その先。登校刺激をすると子どもが家でぐずるのも、態度が悪くなるのも、不登校の原因となるものが「すっごくイヤ」ということ。拒絶の強さは第一のイヤの壁の大きさに比例しています。

第一のイヤの壁を崩すことは、学校や社会に合流する実力をつけることを意味します。

それには、実に数多くのステップをクリアしていかなければなりませんから、不登校は外から見ていると、大したことがないように見えても、非常に根深いものです。自分の問題に向かい合うようになるまでに時間がかかる場合が多いし、なおすこと自体に時間がかかります。

時間がかかると聞くと、逃げたくなってしまいますよね。おっと、これは、子どもが学校に背を向けて、現実から逃げているのと同じです。そこはぐっとこらえて、大人の知恵を働かせてみます。ここは好機かもしれません。

親がお手本となって、「現実から逃げない」という態度を見せれば、子どもに、自分のこととして取り組む勇気を与えるチャンス！

目を伏せようがどうしようが、いつか、どこかで、誰かが、しなければならないこと。だから家族は、後回しにせずに、一つずつ丁寧に取り組んでいってください。

こういうところで親の力量が試されます。困難に逃げずに取り組む姿勢をぜひわが子に見せてあげてください。

しかし、その多くは、家で解決できるものではありません。どの家庭でも、健康は家で維持できても、勉強や友達関係は、学校で教えてもらわないと、親の力ですべてを身につけるのは難しいですよね。それと同じで、不登校の問題も、家族で解決できることと、教育する方法を持っている人のところで解決することに分かれるのです。家でできるのは、子どもを落ち着かせること。体調を整えることをはじめとして、教育を受けられる状態にしていくことです。次には、原因を解決するための教育の問題となっていきます。

第3章

不登校の原因を
さまざまな角度から見てみよう

いじめ・心の問題・家庭の問題……どれもちょっと違う

中高や大学の先生たちに、「不登校の子どもたちを寮で預かって、教育していますす」とお話をすると、「不登校の原因は何ですか?」「いじめ、心の問題、それとも家庭の問題ですか?」と同じように質問してくるので、おもしろいなと思います。

なかなか鋭いところをついているのは、いじめは周りの環境、心の問題は本人、家庭の問題は親というように、子どもを取り巻く環境すべてを網羅しているところです。

しかし、どれも本当の原因と少し違います。もちろん、周りの環境も、父母もどれも関係があるのですが、一番大きいのは、本人。

しかし、それを心の問題と言ってしまうと、まるで気持ちがふさぎ込むこと自体が、不登校を引き起こしているように聞こえてしまいます。そうではなく、その心を生み出しているもの。気分が落ち込んでしまうこと、腹を立て、おもしろくないと不機嫌になってしまう原因は何なのか。そこにこそ、本当の意味での不登校の原因があるのです。ですから、不登校は、心の問題ではなく、「イヤ」という心を生み出している先に目を向けない限り見えてきません。

不登校の原因は、一つではない

不登校の原因は一つに限定されるようなものではなく複合的です。

学校では、さまざまな能力を要求されます。例えば、ピアノ教室であれば、必要な能力は音楽に限定されて、レッスンも1時間程度です。言ってしまえば、その時間さえ我慢すれば、どうにかなります。また、習い事であれば、合わないなら先生を替えることも、やめてしまうこともできます。

しかし、学校はそうはいきません。朝から夕方までの長時間、ありとあらゆる能力が必要とされます。さらに、そばにいるのは精一杯がんばっている同級生たちです。

学校は、たった一つのことができればいいという単純なものではありません。逆に言うと、たった一つの原因で不登校になっているわけではないということです。

原因は友人関係だと思っていても、実はその後ろに、体調不良や疲れがあったり、勉強がわからなかったり、空気が読めなくてトンチンカンな反応をしてしまうなどといったことが隠れています。

さらに家では、自分が困っていることを親が理解してくれないなど、一番大きい原因が友人関係だとしても、いくつかの要素が重なっています。

その重なりが幾重にも増したときに、子どもは学校に行かないという決断をするのです。

なぜ、周りに原因があると思うのか

子どもが「学校に行きたくない」と言い出すと、まずお母さんが「なぜ?」と質問します。でも、子どもはしどろもどろで、はっきりしたことを言いません。「なぜなの？」「どうしてなの？」と、問いただすと、友達の……、とか、先生が……とヒントとなる言葉だけをポッポッと喋り出します。

キーワードと不登校をつなぐものは、想像力。多分、こういうことがあったのね。きっとこういうことなんじゃないのかなと、思いついたことを質問します。

すると、「実はその通り！　こんなことがあって……」なんてぺらぺら喋りだすことは絶対になくて、表情少なげに、僅かに首を動かしてうなずくだけ。その間、ほとんど黙ったままです。ここにすでに不登校の原因のヒントが隠されています。

なぜ、言わないのだと思いますか？

言わないのは、誰かをかばっているからでしょうか？　それとも、言えないほどつらいことがあったのでしょうか？

子どもが黙っているのは、自分にとって都合の悪いことがあるからです。親が納得してくれるような、学校を休む正当な理由が、見つからないのです。それに、親に言っても解決してくれないと思うからです。親に解決能力があると思っている間は、あれこれとよくしゃべります。しかし、「力になってくれないな」と思いだすと、貝のように口を閉ざします。

目の前に子どもはいるのに原因がわからない。こうなってしまう理由を知りたい、知って助けてあげたい、それなのに、本人は何も言わない。すると、まず周りから原因探しを始めます。

周りに原因があるとしたらいじめなのだろうか？ 友達関係で何かあったのだろうか？ 先生とトラブルなのか、それとも、部活の先輩たちと何かあったのだろうか？ 子どもの様子を、先生や友達のお母さんに聞いてみたりします。聞いてうれしい話も、聞きたくないようなことも、正直に話してもらうよう頼むといいと思います。

近頃は学校の先生も、「これを伝えるのは憚られる」と、お母さんが聞いてうれしくないことは、教えてくれないし、言ってくれたとしても遠まわしでやんわり。

子どもたちを預かり始めて、生徒たちの在籍校の校長や担任の先生と話すときに、問題点を指摘すると、「そうなんです‼」と言われます。学校の先生も気付いていることがあるようですが、何か否定的なことを伝えると、お母さんが落ち込んでしまうのではないだろうかと心配になって、母親には言えないということです。

一方生徒の親からは、「学校に不登校の相談をすると、『特に学校では問題はありません。良い子ですよ』と言われる。でも一向に解決もしないし、原因もわからない、『じゃあ、良い子なのになぜだ！』とずっと悩んでいた」ということです。

今の時代として、「傷ついた……」となるようなことを言うのはタブー。しかし、問題解決に必要な情報は、聞いて嬉しいことより嬉しくないほうにあります。

子どもの不登校で、親のほうも、気持ちが目いっぱいかもしれませんが、次なるページを開くために、聞く耳を持つといいと思います。そして、ちょっぴり嫌なことを言われたとしても、教えてくれた人に、「ヒントをありがとう」と思えるといいですね。

学校生活の中に不登校の原因はある

不登校の原因は、子どもの心にイヤを引き起こしているものです。

第一のイヤの壁を作り出すもの、それこそが、不登校の本当の原因！

それが何なのか、家族には一切口を開かないかもしれませんが、私たちスタッフには、本音がぽろぽろ出てきます。先生たちは自分の困ったことを助けてもくれるし、お見通しで隠しようがないと思うから喋るのだそうです。

では何がイヤかというと、かったるいな、だるいな、つらいな、苦しいな、勉強が難しいな、運動上手にできないな、気に入った友達が振り向いてくれないな……というような気持ちです。

不登校の原因として、「心」というキーワードが出てきた瞬間に、「他人にはやすやすと理解できない世界」に入り込んでしまいます。これが、不登校を理解不可能にし、暗く、長い道に変えてしまっているのだと思います。

不登校って、実はもっと単純なことです。子どもが学校という競争の場所で、「負けちゃった、おもしろくないな、くやしいよ、毎日つらいと思っている」。

だから、何が何でもイヤ！

そこからスタートしたら、実にわかり易いものです。子どもたちと共に24時間いて、じっと行動を見ていると、そんな他人が入り込めないようなものではありません。周りのサポートが有効なことがたくさんあります。

不登校は、学校の中で起こっていることです。学校の中で要求されていることに応えられれば、解決に向かいます。学校ですることを考えてみてください。

朝、遅刻しないように行く。指示されたとおりに動く。グループで助け合う。授業を受ける。宿題をする。などなど。

子どもに要求されているのは、これらのことができる能力です。必要なのは、実力なのです。

不登校と体力・学力・コミュニケーション能力の関係

その実力というのは、主に、体力・学力・コミュニケーション能力のことです。

学校生活は朝から夕方までですから、一日動くだけの体力が必須で、授業中は学力が求められます。休み時間や部活、登下校の時間には、コミュニケーション能力が必要です。これらの能力は、学校だけでなく、社会でも求められています。

体力・学力・コミュニケーション能力について、どんな気持ちを引き起こしているのか簡単に言うと、

体力：体力がなくて、すぐに疲れてしまう。学校行くだけでヘトヘト。勉強は、はかどらないし、全然集中できない。運動をするにはものすごくエネルギーが必要。くたびれているときに、友達にあれこれ言われると腹が立つ。

学力：成績が落ちてきた。勉強が難しくなってきたな。教室にいづらい。とても時間内にできない。宿題も多いなぁ。「そんなことも知らないの？」と友達に馬鹿にされることもある。勉強ができる子は、みんなから注目されるのに、どうも自分は尊敬されていないようで、みんなに意見を聞き入れてもらえない。

コミュニケーション能力：人と一緒にいると疲れるから、一人のほうが楽。でもずっと一人ぼっちはさみしいから、友達に寄っていくけれど、どうも思ったように相手は反応しない。どうして意思が伝わらないのかな？ 何を話したらいいかわからない。

その他、器用さや、人を楽しませる力、気遣い、表情、愛想、人の役に立とうとする気持ちなども子どもの実力です。

例えば、勉強はできるけれど不器用だとか、タイミングが悪い、日常生活の中でみんなが当たり前にわかることに気付かない。このようなことが原因で、不登校になっている場合もあります。緊張が強く、ちょっとしたことで、ハラハラドキドキしてしまって、学校生活自体が疲れるという子もいます。

不登校の原因は、これらすべてを合わせた力にどこか足りないところがあって、他の優れたところをもってしても、補うに十分でないからだと考えてみると、子どもがどうして不登校になったのかが見えてくると思います。

30歳になって初めて不登校の原因に気が付く

30歳になって初めて不登校の原因に気が付くなんて、「そんな!?」と思うかもしれませんが、脅すつもりなど毛頭ありません。これはある特定の人だけに起こるのではなく、不登校から始まる状態が何年も何十年も続くことは、実はよくあることです。

不登校の原因は、家族からはとてもわかりづらいものです。特に、周りに何かあるのだと思っていると、他の要因を考えなくなってしまいます。しかも、どうしてもわが子には、「かわいい」という気持ちが働いてしまうので、ネガティブな情報は排除してしまうのですよね。

生徒の祖父母ともお会いする機会があるのですが、ふとしたきっかけから、「身内に働かない者がいるのです」といった話が出ます。すると、「先生、ここの子のように、若いうちになおっていくのは、どんなに幸せか。毎月アパート代と、食費と小遣い程度で、ものすごく大きなお金を使うわけではないけれど、終わりのないこと。

顔を合わせれば喧嘩になるから一緒には暮らせないし、私たちは年を取る一方で、もう何十年とこの状態だから、今更、仕方ないと思うのですが、もっと若いときに、手を打っていたらなぁとつくづく思います。

今思うと、そういう時期があったんですよ。喧嘩しても、頼っていたのです。でも、そのときには気が付かなかった。その年齢のときに、こういう場所に出会いたかった。だから、孫なりともしっかり社会に出られるようにしてください。どうぞ、どうぞ、お願いします」。

家族が心の奥底に抱えている悩みは、誰にでも気軽に相談できないゆえに深い苦しみがあるのだと思います。

経過は次の通りです。どうして不登校になったのか決定的な原因にもたどり着けず、第二のイヤの壁の前に佇みます。打つ手も少なく、時は過ぎていきます。

学校の中の人間関係で何かあったのだろうか？　と思っても、学年が変わるとクラス替えがあり、担任も友達関係も変わってしまいます。あれほど連絡をくれていた中学校からは、卒業してしまえば一本の電話もかかってきません。

こうして、時間が流れて、第三のイヤの壁が大きくなっていきます。何が原因なのかわからないまま、どこか高校に、できれば大学にと、そうこうしているうちに気が付くと働く年齢になっています。

何か働いたほうがいいからと、アルバイトを勧めても、「できない」。

親子ゲンカをするエネルギーもなくなって、第二のイヤの壁の姿が見えなくなり、働かせようという気力もなえてくると、第三の壁の先の第一の壁が見えてきて、30歳くらいになって、あれっ? 不登校の原因って、実は、うちの子にあったのかも? と気が付くのです。

子どもは学校に「行かない」のではなく「いられない」

不登校の原因を心の問題ではなく、実力に注目するようになったのは、子どもたちと共に過ごし、何が起こっているのだろうかと、様子を観察してきた結果です。私も寮を併設する前は、子どもたちの行動を不思議に思うことがたくさんありました。

数学の問題をしていてケアレスミスが多い。あるところで、うっかりと解かずに抜けている問題がある。こういうことが、幾度となく繰り返される。

「どうして気が付かないのだろう?」

消しゴムで間違いを消していたと思ったら、正解しているところまでどんどん消しているのは、「なぜだろう?」

勉強し始めると居眠り。「夜、寝てないのかな?」

お母さんにお知らせがあって、「これを必ず伝えてね」と帰り際に何度も言って、アイコンタクトもしたし、きちんと返事もして帰ったのに、まったく伝わっていない「なぜだろう?」。尋ねてみると、忘れていたわけではないとのこと。では、「なぜ伝えないのだろう?」

その答えは、「重要だと思わなかったから」。「なぜ〜?」

些細なことですが、何かのときに「どうして?」と思うことが頻繁にありました。大したことでもないので、記憶の隅っこに置いておくようなことです。

しかし、こういった、ちょっとした「なぜ」が、やたらと多いのです。その答えがはっきりわかったのは、寮を始めてからです。子どもたちに、なぜ?と思っていたことが、一つにつながりました。

一人の子どもにとって、「たまたま」起こったことだと思っていたことは、あらゆる場面で、「たびたび」起こっていることでした。それが、日常生活や学校生活でさまざまな支障になっているとわかりました。「なぜ?」が「なるほど!」に変わったのです。

寮生活の中でわかったのは子どもは学校に「行けない」のではなく、実は学校に「いられないのだ」ということでした。「いられる」ようにしてあげない限り、学校へ「行ける」ようにならないと確信しました。

相談を受けていて、「どうして学校に行きたくないのかさっぱりわからない。私が学生の頃は、学校って楽しかったのに」と言われることがあります。

「うちの子は行かないだけだ、行ってしまえばどうにかなる」

それが、言葉からあふれています。こう考えている方、とても多いと思います。

しかし、学校での様子を、透明人間になって、そっと観察できるとしたら、その考えは一変するでしょう。私と同じように「行かないのではなく、いられないのだ」と、気付くと思います。「学校にいられるか?」という観点から子どもを見てみてください。不登校の原因が、今までとまったく違ってくるはずです。

同級生をよく知ろう

「学校にいられるか?」を考え出すと、うちの子はクラスでどんなだろう、周りからどう映っているのだろう? と同級生を近くに感じ始めると思います。

私のところに、「仲間外れにされるのです」と腹を立てて相談にきた中1男子の親子がいます。大人から見ると、人懐っこくてかわいいのだけれど、同級生からすると、一言多い。

お母さんに、面会の度に様子を知らせます。「こういうことがありましたよ。周りから実力もないのに口ばっかりって思われるようなことを言ったりしたりしてますよ。得意なことはいいけれど、苦手なことになるとスタートするのが遅くて、置いてきぼりになってしまっていますよ。その理由は……」と様子をお話しすると、「そうだったのですね。言われてみれば納得することばかりです。見えなくなってしまっていました」と、お母さん。

不登校の原因を考えるときに、同級生にも目を向けて、「うちの子と何が違うんだろう?」と想像してみることも必要です。

学校は同級生の集団を一塊と考えて、授業や活動をしています。

ですから、そこから外れると、まわりと足並みはそろいません。例えば授業中、みんなは、すでに問題を解き終えているのに、その時間内ではできないとしたら、毎回先生は待ってくれるのでしょうか?

待ってくれたとしても、周りの目が気になりますね。時間内にできなければ、「遅いね」と言ってしまうのが同級生同士の会話。人の口に戸は立てられません。

わが子だけに注目していてはわからないのですが、体力にしても学力にしてもコミュニケーション能力にしても、同級生がどんなものかを知れば、子どもに何が足りないかが見えてくると思います。

孫子の兵法に、「敵を知り、味方を知れば、百戦危うからず」とあるように、学校システムはどういうものか、同級生はどんなものかを知り、同時にわが子を知れば、今、子どもに何が起こっているのかを理解しやすいのではないでしょうか。

人付き合いのルール、躾にも目を向けて

うちの生徒たちの中で、何かとみんなの話題に上がって相手をイライラさせたり、険悪になるようなことが多い子と、そういう話がまったく出てこない子がいます。「その違いは何だろう？」と考えてみると、すぐに答えが浮かびます。子どもたちが訴えてくることはすべて、躾にあたることとです。

躾というとピシッと立って礼儀正しいことをイメージしますが、生活の中では、礼儀や作法ではありません。人が安心してそばにいるための、言わなくてもわかり合えるルールであり、人に対する誠実さのようなものです。

また、躾となると大人が子どもに対して施すものと思われがちですが、子どもから「先生どうにかしてください（自分たちの代わりに注意して〜）」と、声が上がってくることが圧倒的に多いです。

子どもたち同士の距離は近いので、そばにいる者が安全に暮らすために、守ってほしい最低限のルールだということです。最低限の躾、年齢相応の躾、お付き合いする人のレベルに合わせた躾などがあります。

私のところで新しく子どもを受け入れる際には、今いる生徒を守りつつ、気難しい状態の新入生を集団の中に入れていくことになりますから、この点については慎重に対応しています。

声をかけているのに返事をしないとか、語り掛けても目を見て反応しないといったことが、相手に「な〜んだ」という気分を生み出します。

これだけ聞くと、「恥ずかしがっているのでは？」と思うかもしれませんが、恥ずかしがっているのか、不躾な態度なのかは、誰だってすぐにわかることです。相手のことを無視したり、迷惑をかけたりしても、まったく気にもしない様子に、子どもであっても、腹を立てます。きっと学校でもやっていたのでしょう。ある場所ですることは、別のところに行ってもしてしまうものです。それが、ちょっとずつ、人間関係に澱のようなものとなって蓄積して、仲間外れやいじめの原因になっていることがあります。

理解力と価値観の差が不登校を生む

認知とは、物事を解釈したり理解することです。

その認知がちょっと違うというのが、意外と多いのです。

みんなで集まって会話をしています。今から、文具を買いに行こうと決まりました。全員で行くのは数が多いので、数名が行くことになり、◯◯ちゃんと△△ちゃんに決まりました。残りの子たちは他の準備をします、と伝えたとしましょう。話が終わって、「じゃあ」と動き出すと、まったく違う行動を始める。聞いていないのではありません。話の理解が違うのです。

黙って大人しくしている間は目立たないのですが、行動に移った途端に、「あれ？」と周りが思うような、トンチンカンなことをしてしまいます。

すると、本人も周りの様子を察して、「何か変なことをしたに違いない」と不安になります。こういうことの繰り返しから、不登校になっているケースが多く見られます。このタイプも勉強が得意だったりするので、学力とアンバランスなところが周りにはより一層理解しづらいのです。

他のケースでは、「このはさみを持って行ってほしい」と、目の前で指さしながら言ったにもかかわらず、気が付くとそのまま。別のはさみを持ち出していました。本人がそうする何かしらの理由は必ずあるのでしょうが、周りには、まったくわかりません。

認知の問題は、本人が「周りと自分の理解は少し違うのだ」と気付くことが、解決の第一歩です。こういうことは、そばで見ていないとわからないので、共に行動する中で、一つずつ、正しい理解と自分の考えのギャップを認め、その差を縮めていく練習を重ねていきます。

周りと受け止め方が違うのには、価値観の違いもあります。

みんなが嬉しいと喜んでいるけれど、そうじゃない。大切だと思うことの優先順位が人と違っていて、足並みを合わせられません。周りとあまりにも価値観が違うと、仲間作りも難しくなります。年齢が増すにつれて、「他人と自分は違う」という深い孤独感につながっていくので、早めに教育的に解決できればと思います。

性格も実力のうち、不登校の問題の核にあるもの

家から私のところにやってきてすぐのときに、特徴的なのは、生活全般において、「ハイ」と同意することがまったくもって少ないことです。また、少し注意のようなことをすると、批判されたと腹を立てて不機嫌になります。

隣で見ていると、注意というより、「こうすればいい」とアドバイスをもらっているだけなのですが、「そうですね」や「いいこと聞いた！」とはなりません。

もちろん、誰しも注意は嬉しいことではありませんが、一方、人の意見には、「確かにそうだな」と気付かせてくれることがあります。それが、なかなか素直に受け入れられなくて、言い訳や顔をしかめてイヤそうな態度。家にいるときに、子どもとのやり取りで、父母がイライラや疲労感を抱くとしたら、外では他の人が同じように感じていることに……。

大人と子どもの会話だけでなく、子どもたち同士でも同じことがあります。

「こうしようか」「……（無言）」。

顔を見たら、返事がイエスかノーかはすぐにわかります。「そうだね、とは思っていないんだな。ああ、僕（私）の言うことは、気に入らないんだね」と、相手は思うため、どんどん周りから人が離れていってしまいます。

不登校の子どもたちは、「本人がみんなの中に入っていかない」と考えられていますが、実はその逆で、このように本人が気難しすぎて、「どれくらい気を遣えばいいいの？」と、周りが近づかなくなってしまうという場合もあります。

勉強にしても、受け入れるから知識が身につくし、人間関係も、受け入れるから、気持ちが通じ合います。

これは学校だけではなくて社会に出ても同じことが起こります。素直にハイと言えないのは、「働く」ことになると、学校よりもっと大きな障壁になります。不登校問題の核心に近いところにあるものです。

気難しさは、能力を高めればいじけた心と共に消えるのか、それともそれはその子の性格なのか、もしくは何らかの疾患の特徴が表に出ているからなのかを判断していくことが重要です。

第4章

不登校解決へのファーストステップ

まずは原因の見極めから

不登校を「確実」に解決していくためには、原因を正しく捉えることです。

不登校の原因は前章で説明した通り、一番大きなものが体力、学力、コミュニケーション能力などを合わせた実力。しかし、それだけではなく、性格や価値観も大きく影響します。

また、家庭環境をはじめとした育てられ方、祖父母や友達、住んでいる地域など子どもを取り巻く環境によっても変わるので一人ひとり異なります。それらを総合的に判断して、原因は何かを「見極める」のが、もっとも難しいところです。

父母は、わが子をよーく見てください。偏見や思い込みをできるだけ除いて、体力→学力→コミュニケーション能力……というように、順番にチェックするといいと思います。

しかし、不登校は本人だけの問題ではなく、同級生など集団との問題を含んでいます。ですから、ひとりに注目して、「わが子の実力がどれほどのものか」と同時に、その視点を同級生全体の集団に移して、同い年の子たちの、理解力やものの考え方、行動のスピードなどなど、その両方を知らないと原因もわからないし、さらに、その先の解決するための方向性も示せません。

父母は、わが子の家の姿を知っているけれど、学校での様子を知らない、また、同級生の実力をはかるのは難しいので、判断するには、情報が不足しているかもしれません。病気になったときに、その手術症例が多い病院で診てもらうのがいいと言われますが、それと同じで、不登校の子どもたちのことをよく知り、不登校をなおした経験の多い人に相談してみるとよいと思います。なおし方はさまざまなので、「わが子には、こうなってもらいたい」という理想の姿があると思いますから、その結果が得られるところがよいでしょう。

私自身、いろいろな年齢のいろいろなタイプの子どもたちを数多く見てきたからわかることがあります。今更ながら数年前のことを「ああ、こういうことだったのか」と気付くことがあって、日々勉強です。

見極めが必要なのは、原因だけではありません。まずは、原因ですが、次に解決方法です。原因が分かる人が必ずしも解決方法を持っているとは限らないので、相談に行ったときには、よく話を聞いてみてください。

そして解決方法の次は本人に実行させられるかどうか。こちらも解決方法があったとしても、本人が何もしないのであれば変わりません。不登校の場合、この「実行」というところにもしっかり目を向けていかなければいけないところがポイントです。

子どもに実力がつけば、不登校は解決する

相談を受けていて、「今の状態がずっと続くと思うと、もう耐えられません。どうすれば、不登校ってなおるのですか?」とお母さんから質問されます。

不登校の悩みは、子どもに実力がつけば消えていきます。うちの生徒たちでも得意なことを伸ばし、弱いところを強化して総合力をつけた子から順番に学校に合流していっています。

　しかし、「実力といっても、いろいろある。どんな力をつければいいかわからない」という方も多いと思います。だから、解決するには、「見極め」なのです。親の目から見てわかるものとしては、子どもが強く拒絶するようなところや逃げたり、いかにもイヤそうだったり、すぐに始めないことが、「苦手なところ＝実力をつければいいところ」です。

　では、次に、どうすれば実力がつくかというと、それは「努力するようになること」です。「実力をつける」とか「努力する」と言うのは簡単だけれど、いざさせるとなると難しいものです。どうすれば、子どもたちが家から出て、自分の体を使って努力するようになっていくかについて説明していきます。

解決には良い出会いをすること

　家にいて外に出て行かない子どもたちは、人間不信のようになっています。いざ家から出ても、恐る恐る。ですから、自信のなさや不安、緊張、周りの人の刺激から子どもを守りながら、できないことの無理は言わずに、できることをさせてくれる人の存在が不可欠です。

子どもを助けてくれるのは、「良い大人」です。学び導いて、社会に合流できるようにつれていってくれる「教育者」です。

体力がない子は、他の子と同じことをしなさいと言われると、とてもつらい。そのときに、「君の精一杯はここまでだよ」と言ってくれる人。人の中にいるのは怖いと思っている子どもには、守ってくれる人。勉強ができない、難しいと思う子にはわかるように教えてくれて、「ここまでできたら休憩にしよう」と区切ってくれる人。わがままが止められないときには、壁になってくれる人。大きな羽の中に子どもを入れて、強くなるまで、鍛えつつも守ってくれる人。その良い大人がいるところは、子どもがハラハラドキドキしなくても、安心。不登校を解決するには、良い大人と出会うことです。

まず、家から外に出るには、良い大人がいるところへ。そして、家から外へ出るだけではなく、学校に行くということを目的にするのなら、その場所には良い大人がいて子どもをなおす方法（その子に適した施設や学ぶシステム）を持っているところを探してください。

必要なのは、刺激ではなく大きな助け

「学校をいやすい場所」にしていくには、ちょっと子どもを刺激するようなことだけでは到底足りません。少し関わるくらいなら難しくはないけれど、社会に合流するまで育てていくには、長期的視野を持ち、しっかりとした教育的な助けが必要です。

不登校が解決しない場合や、長引く場合は、親や周りの助けや刺激は、

①本来助けるべきことではない助けをしている＝助けの質が違う

②助け方が足りない

ということが起こっているのかもしれません。助けの質が違うのは、はっきり言うと的外れ。原因の見極めを間違えています。いつになっても変わらないのならば、サポートの方法を見直してみてはどうでしょうか。

助けが足りないことに関して、勉強を例にあげると、勉強がわからなくなっている子どもに、塾や家庭教師、学校の先生の補習などいろいろな手段や手立てを講じます。何もしないよりは、ずっといいことです。

しかし、ここには落とし穴があることも知っておいてください。どう考えても、時間が足りないのです。同級生が6時間授業をして、さらに塾で勉強しているのに追いつこうとするとそれと同様の時間に加えて、今までの遅れを取り戻す時間が要ります。

他のことなら「それくらい時間がかかるのは当然だ」と、とても冷静な判断ができる父母であっても、なぜかわが子のことになると焦りと期待で見誤ってしまいます。子どもは、目の前のことで精一杯です。周りの大人は子どもの状態を総合的に見て、正しく判断できるといいですね。決して無理な逆算をしないことです。

刺激は一時的なものですが、助けは継続的なものです。問題解決に向かい合おうとしたとき、子どもに必要なのは、継続的で十分な助けです。

子どもに適した方法を見つけていこう

不登校は、いろいろなタイプが交じっています。

例えば、コミュニケーションの問題を一つとっても、おしゃべりが過ぎて周りからうるさがられるタイプと、おとなしくてしゃべれないというタイプがあり、両極端です。しゃべり過ぎるほうには、ブレーキを付けなければいけないし、しゃべれないという子どもたちには、アクセルが必要です。このように同じ不登校といっても、まったく逆の教育方法をとらなければなりません。また、年齢によっても対応方法が変わってきます。ですから、不登校の解決は、子どもに合わせて。

すべての子どもに対して、「これさえすればうまくいく」という万能な方法はありません。子どもの状態、年齢、性格、そして能力に合わせたことをしていかない限り、今の学校と同じように、「行けない」ことが起こってしまいます。
不登校の3つの問題とは、

1、不登校の原因となるもの（第一のイヤの壁）
2、こじれていくこと（第二のイヤの壁）
3、休みだしてから同級生に遅れていくこと（第三のイヤの壁）

この中のこじれさせずに落ち着かせるという問題（第二の壁）を解決したら、学校に行けるようになる子もいるでしょう。第一のイヤの壁が低い子は、学校に復帰できます。しかし、ほとんどがそれだけで学校に行くのは難しい。もともとの不登校の原因（第一のイヤの壁）が残っています。

学校生活の中でできる第一のイヤの壁、学校はそれを発生させる場所です。イヤを増やす場所で、イヤを減らそうとするのには、無理があるのではないかと思います。

今の状態と学校（社会）をつなぐためのもの（＝原因を解決するために実力をつける場所）が必要です。

子どもは、気まぐれで不登校になっているわけではありませんから、学校（社会）

につなぐために、子どもには大きな助けが必要です。親が主導権を持って進めていくことは、わが子に適した「助ける方法」を持つ人のもとへ向けていくことです。その助けてくれる人も、助け方もいろいろあるので、子どもの性格と能力にあったものを見つけていきます。

「イヤ」と拒絶するのが、不登校だけでなく思春期の特徴です。そこで、親子喧嘩をしてしまうのではなく、努力できる場所に、うまく誘導するところが、父母ができるサポート。

子どもを誘導していくためには、そこにはどんな大人がいて、どんな理念を持っているのか親自身が自分の目でしっかりと確かめてください。簡単には見つからなくとも、焦らず、いらだたず、問題を先送りせず、探してみてください。

得意なところでチャンスを掴もう

不登校に対応している施設、例えば、カウンセリングや相談所、適応教室、フリースクールなどたくさんあると思います。それぞれの施設には、得意分野があります。これまでに、私のところでもいろいろなタイプの子どもたちを預かってきました。大半はいわゆる普通の子ですが、中には、自殺願望が強い子、体のいたるところに剃刀の傷だらけの子、人と一切目を合わせられない対人恐怖症、うつ病、人格障害、摂食障害、非行、アスペルガー症候群などの広汎性発達障害、学習障害……。さまざまなタイプに対応してみて、得意と不得意が浮き彫りになってきました。元気学園の得意分野は、体調不良や虚弱であったり、体力のない不登校の子どもたちに、脳や体の機能を高めながら教育をすることです。

ほとんどの子が寮生活をしているので、施設やスタッフの特性上、非行や精神疾患、発達障害、わがままが強いタイプなどは、十分な対応ができません。

得意分野の子どもには、「これがうまくいかないなら、次にはこれ。こういう段階には、この方法がいい」と、経験で培ったいろいろな解決の手段を持っています。また、それを実践するための施設も充実していますし、環境も整っています。親も子も適したところに出会えることで、大きな利益を得ることになります。

十代は、子どもが大きく変化する人生で一度のチャンスです。時間を大切に思えば思うほど、子どもに適した方法に出会えればと思います。

不登校は生死にかかわるようなことではないため、ついどうにかなると考えてしまいがちです。しかし、どうにかならずに時間が過ぎてしまうもの。解決する方法と出会えること、それこそがラッキーです。

不登校対応の難しいところは、イヤに対応する力

子どもたちは、家で気ままに過ごしているときは、ごく普通です。しかし、何かス

トレスを与えたときに拒絶するのが特徴です。そのストレスにあたるものは、例えば、学校、勉強やテスト、友人関係、体を動かすこと、人前に出ることなど、「何かをさせよう」としたときに起こるという共通点があります。

ですから、その子の能力を見極め、どのくらいのことができるかを探りつつ、イヤが起こったときに、何かしらの対応方法がないと一歩も前に進めません。

どこでつまづくかは、やってみなければわかりません。その都度対応する力がないと子どもたちを前進させられないのが、難しいところだと常々思います。

本人の気難しさが、隣にいてくれる親切な人を消耗させます。これがより一層、不登校を教育的に解決しにくくしています（本人より、隣にいる者が神経をすり減らしてしまうのですよね……お母さん大丈夫ですか？）。

病気であるならば、検査をして原因を見つけてから治療を始めます。しかし、不登校の場合、何もさせなければ、問題はないけれど、何かストレスを与えたときにそれがわかるので、原因を探しながら、なおしていかなければいけません。

また、能力的にできることもイヤでしないのなら、そこが行き止まりになってしまいます。

例えば、朝起きる能力はあるけれど、起きようとしない。これと同じようなことが、日常生活や学生生活の至るところに起きます。

子どもたちは常に一定ではありません。成長段階なので、日々変わってもいくし、また、なかなか変わらないところもあります。変化に対応しつつ、根本の原因を探しながら、それを解決する手段を見つけ、実際に実行させるというところに大変なエネルギーを費やさなければなりません。

また、子どもが将来どのように社会に合流していくかを想定することも必要です。行き当たりばったりでは、導いていくことができません。ですから、子どものタイプに合わせ、専門性をもった教育を受けていく必要があると思います。

のんびりスタイル or 積極スタイル？　不登校対応は両極端

日本の教育現場において不登校は、中学校では保健室とカウンセリング、高校生になると、単位制高校や通信制高校が受け持っています。

不登校の中学生たちの進学先がないということでできたそれらの高校は、不登校の「受け入れ先」という初期の目的を果たすことができました。そのおかげで、父母は落ち着き、子どもたちも家で居場所ができました。しかし、時間の経過とともに、「身につけたことが社会でいかされているか」という、成果が求められてきます。

これら不登校対応のほとんどは、「イヤなことはしなくてもいいよ。自分のペースでゆっくり」というようにのんびりスタイル。

こののんびりスタイルが適している場合や、それが必要な子もいます。自由に過ごす中で自分の意志を持って人生を前向きに進んでいる子どもたち、人といることや時間の追い立てが強いストレスになるタイプや親子でコツコツと努力をすることはできるけれど速いペースにはついていけない子、統合失調症やうつ病などの精神的な病気の種を持ち、少ない刺激の中で教育することが有効な子どもたちにはとても向いています。

一方、世の中はグローバル化で、現実は厳しくなり、いつかは人並みの努力を求められる社会に出ていくことになります。

社会では、周りの環境に合わせたスピードで動くことが要求されます。十代の活発な時期を好き勝手に過ごすのは、それと逆行することになります。もっといろいろなことができるように、能力を高めたり、もっと、人と協力することを学んでいかなければならない年齢です。心身が柔軟に変化する時期に、積極的な教育を受けずにのんびり過ごすことは、問題を先送りするだけではなく、社会に出ていく際に、大きな障壁となってしまいます。

実際のところ、のんびりし過ぎると、体が楽と横着を覚えてしまう……。それは決して無視できない「人間」の一面です。のんびりも必要と不必要の線引きをしないと！

元気学園では、「苦手なことも、隣で教えてあげるからやってみよう。一人ではできないことも、みんなで一緒に取り組んでみよう。社会に合流できるように、本人が受け入れられるできるだけの教育をしよう」という、不登校対応の中では数少ない積極スタイルをとっています。積極的にというと一昔前のイメージで、子どもを無理やり……！　なんて考える方もいるかもしれませんが、それは時代に合いませんし長続きしませんから、誤解なきよう……。

不登校の原因は一人ひとりで大きく異なりますから、のんびりスタイルと積極的スタイルの両タイプの不登校対応が必要です。

しかし、今の日本の教育は、のんびりスタイルに偏っているのではないかと思います。若いうちに子どもが抱える問題に目をそらさない教育を行えば、能力に見合った学生生活に合流できます。

実際に、子どもたちを預かっていて、苦手なことは人より少し余分に時間をかけたり、繰り返し教えたり、助けてあげたり、必要なことに必要な時間をかける手間を惜しまなければ、不登校が長引くことなく前に歩き出せるのを目の前で見ています。

もっと多くの不登校の子どもたちが、専門的な教育の力で救われると思います。ただ、何度も言うようですが、不登校の原因は一人ひとりで異なります。ですから、これを機会に、どのスタイルが向いているのか、どのように育ってほしいのかを考えてみてください。

不登校解決のためのメンバー

本人、父母、そして良い大人が不登校を解決するためのメンバーです。

不登校の原因は、本人。

助けるのは、親。

実際に解決していくのは、良い大人（教育者・教育機関）です。

だから、この三者がそろってようやく、不登校の解決への道がつながります。ここでのお父さんやお母さんの役割は、不登校の原因である「第一のイヤの壁」をなくすために、本人が、「自分のこと」として努力できるような、原因を解決する方法を持った人のところに行けるようにしていくことです。

不登校がなおっていく過程を道で表すと、出発点が今、終着点が社会（学校）に合流するところです。その半分のところに、原因となるものを解決するためのポイントがあります。

子どもを半分の地点まで連れてくるのは、お父さんとお母さんのお仕事。そこから先は、次に受け入れてくれるところで、実力をつけていきます。ちょうど半分のところで、親から良い大人にバトンタッチ。難しい状態の子どもを手渡すのですから、お互いに信頼関係が必要です。

前半は、カウンセリングや相談など言葉での助けが有効です。しかし、後半は自分の体を動かして、「実行する」「努力する」ところなので、言葉だけではなおりません。隣に人がいて、その人に実際に手を貸してもらう中で身につけていくことです。

不登校というのは、子どもが問題解決に積極的でないのが特徴。だからこそ、「親」の助けが必要なのです。

本人は良くなりたいと思っているし、できればこの状態から脱出したいと思っています。でも、自分の力では無理だと、「逃げている」と考えてみてください。

うちの生徒たちに、「家にいるとき、どう思ってた？」と質問したとき、8割の子どもたちが、「やってられないよ～」と、答えました。わかりやすくすると、「お手上げだよ‼ どうにかしてくれよ‼」です。

素直に「助けて」とは言わないので、察して助けてあげる。子どもは迷っていますから、自分を導く術を知りません。わが子が社会で迷子にならないよう、社会へ出る前に親が子どもを見失うことのないようにと思います。

決して子どもを見失わない

「子どもに対しては、今のままでいい。親に対しては、子どもの言う通りにしてあげてください。待ちましょう、とアドバイスされたのですが、本当にこれでいいのでしょうか？」との相談を受けることがあります。

それでは、子も親も行先知れずになってしまうのでは？と思ってしまいます。

大人になるというのは、努力するように変わっていかないといけませんから、停滞を肯定するようなことはよくありません。

また、親は子の言う通り、子も自分の思い通りでは、迷っている子どもを誰が導くのでしょうか？導く人がいなくなってしまいます。

子どもが自分の足で前に向いて歩こうとするまでの間のことを凧揚げに例えると、凧が子、親が紐をひく役割です。わが子の気持ちが荒んでいるときには、凧の糸を緩めて、事故や怪我をしないように、少し距離をおいて見守ります。

しかし、決してその糸を切らない！　孤独にしない、見失わない！　いつか、落ち着くときが来ます。そのとき、その糸を手繰り寄せて、解決の方法を持っている人のところにスーッと誘導するのです。

でも、もし糸を切ってしまったとしたら！！！　どこに行ったかわからなくなっている間、ずっと探し続けることになります。凧を探しに行って、拾って、傷ついていたら修理して、また糸をつないでという作業が発生してしまいます。

子どもたちは、口ではあれこれ好きなことを言うけれど、迷っています。そのときに、素直に「助けて」と言ってくれたら、どんなにわかりやすいでしょうね。

カウンセラーや先生など、父母と直接お話しする機会がある方たちには、ぜひ、子どもが努力するように変わろうとする方向、そして、子どもが親を頼って、解決に向かえるような親子関係を作るようにアドバイスしていただけたらと思います。

そうなれば、親子関係が泥沼化することを防げます。どれほど不登校の解決が楽になるでしょうか。もし子どもが、他人のアドバイスに耳を傾ける状態だとしたら……不登校の悩みを抱えている父母が今の苦しみから解放されるのではないでしょうか。

主導権は親がにぎる。責任は親がとる

不登校になると、家族は子どもと意思疎通がうまくできないので、過去のことを思い起こして反省を始めます。

「今までしてきたことは、いけなかったのだろうか？」「本人が望むことをするべきなのではないだろうか？」「何でも言うことを聞いてあげたほうがいいのではないか？」と、考えてしまいますが、それは違います。

子どもに常に「どうする？」と聞いてかじ取りを任せたら、子どもの言うまま気ままになり、右に左に引きずり回されて何年経っても今と同じです。

子どもの気持ちを聞き過ぎると、「イヤ」に引き込まれてしまいます。文句や不

満、感情的な話をいくら聞いても、将来は開けてきません。

この聞いてあげること自体は悪いことではありません。親子ですから、他人には言えないこともあるだろうし、言えるような関係であってもらいたいです。しかし、ネガティブな感情をいつまでも聞き続けることは、悪循環を引き起こします。イヤなことが記憶に刷り込まれてしまって、それを消すのは大変です。

これからどうするかの判断は、方向性を決めるという意味で、とても重要なことです。子どもの気持ちを聞いたうえで、その通りにするかどうかは別問題。決めるのは子どもではなく、大人がよく考慮して決めるのです。そして、責任も大人が持つ。別の一面から言うと、子どもは困っているので、困っている人に、「どうする?」と聞くのは可哀相です。聞かれるほうも、つらいのです。

生徒たちに、お父さんやお母さんに「どうする?」って聞かれたとき、どうだった? と、尋ねてみると、「学校に行かなくなってから、何かと『どうする?』って聞いてくるんだけど、聞かれても答えようがないから困るんです」

「うちもそう」

「イヤしかないよ」

「わかる〜」

といった感想が出てきます。

そもそも、学校に行かない状況のとき、子どもは冷静な判断などできません。調子の良いときに大切な話をするならともかく、まったくもって自分に自信がないところに、「どうする？　あなたの気持ちを聞かせて？　自分のことだから自分で決めなさい」の嵐。任されて責任を持てと言われても、困るのが本音です。

実際、子どもには、自分を大きく成長させられるほどの未来のビジョンも、現実的なプロセスもないのです。それを持つのは、経験豊かな大人です。今の状態を切り拓くことができるのは、お父さん、お母さんの力です。不登校になったとき、最初にどんな方法を選ぶかで、解決までの道のり・時間が大きく変わってきます。

実のところ、子どもは、親が「いい」と思うことをしたいし、そうすることで安心するのです。子どもが親の顔色を伺っていることをお忘れなく。

それなのに親のほうがどっちつかずで、「あなた、どうするの？」。そうやって子どもを迷わせて、また子が迷っているのを見た親が迷うという堂々巡りをしています（ここチェックポイントです！）。十代は、学ぶべき年齢です。ですから、学ぶことから離れないように、親が主導権を持つことが、不登校を長引かせない秘訣です。

いきなり学校に行くのは無理？

家で落ち着いた状態から、すぐに学校に行かせるのが、難しいのではないかと思っている理由の一つは次のことです。

例えば、左足をひどくくじいたときに、腫れた左足の痛みが消えてしばらくしたら、まったく関係のないはずの肩や首が痛くなってきます。そのうち、左足をかばって歩いていた右足も痛くなって、一つなおったと思ったら、次のところが痛み始めます。かなり長い期間、不具合が続きます。事故の衝撃の大きさを、あとで気付くことってありますよね。

それと同じような状態に不登校の子どもたちはあると思うのです。家でのんびりしているときは、元気そうに見えても、脳も体も放心状態。不登校って、子どもにとって大きな打撃です。

なぜ、そう思うかというと、子どもたちを預かってしばらくの間、行動が変だからです。半年くらいは、頭もボーとしているのだと思います。実際に、入学してきてから3か月くらいのことはまったく覚えていないと言います。「こんなことしてたよね」とみんなで集まって他愛ない会話をしても、「全然覚えてない……」。

全員が全員ともそう言うのです。勉強ができて、普段冴えている子もですよ⁉「ある意味幸せだね～」と笑い合います。

ですから、体も脳も気持ちもフル活動できない状態で学校に行っても、毎日鍛え上げられた同級生の集団のスピードにとてももついていけません。優秀な子ほど「あれ、変だ。今までの自分と違う」とわかるので、より気持ちは落ち込みます。

そばにいるお母さんなら、登校刺激をして、子どもの様子で、できるかどうかわかるでしょう。そのとき無理だと思ったら、無理を押し通そうとするのだけはやめたほうがいいでしょう。家と学校をつなぐところが、子どもにとっては必要です。

良い仲間に出会うこと

良い仲間、友達ができれば学校に行けるのではないかと思っている父母は多いと思います。

その通りですが、今の状態を、同級生が受け入れられますか？ 親が一緒にいて、気を遣わないといられないのであれば、同級生には難しいでしょう。

気難しい状態のときには、大人しかお世話はできません。周りの子どもは、自分のことで精一杯ですから、他人に構っていられません。ましてや、何かと気を遣わないといけない相手というのは、仲間にはなれませんね。仲間というのは、同じことを同じくらいの努力で、足並みを揃えてする者同士です。

気難しい状態のときは、大人のサポートが必要です。例えば、私のところでも新入生がやってきて、ちょっと変わった行動をすると、みんな「えっ、何？」と、身構えます。そのときに、「この子は、こういう特徴があるけれど、大丈夫だよ」とか、「こういうふうに話をしてあげるといいよ」「これは、今できないから、免除にしてあげてね」と伝えると、子どもたちは安心して付き合い始めます。

本人はもちろん、仲間にも安心が必要です。家に長くいて外に出てくると、最初はみんな、ちょっと調子がおかしくなっています。世間から離れて、常識はずれのようなところがあります。その常識は子ども社会での常識です。これは、うちのどの生徒に聞いても「あの頃は変だった」と言いますから、あとでわかることなのでしょう。

このときに、お互いを安心させられる大人の存在が、互いが馴染むまでの仲立ちとして必要です。その時期を過ぎた後に、良い仲間が頼りとなります。

子どもたちを見ていて思うのは、子どもは一緒にいる仲間によって、良くも悪くもなるということ。努力する子の中に入れると、努力するようになるし、いい加減な子どもたちといると、いい加減になっていきます。何でも不満に思う人の中にいると、何につけても文句を言うようになります。

不登校の子どもたちは、一人旅。みんなとはぐれてしまって、何をするのも一人ぼっちです。ですからいつも自分のしていることに自信が持てなくて、外に出るのはドキドキはらはら。一人ぼっちは心細いから、仲間がいればできてしまうことがいっぱいあります。良い大人のいるところには、良い仲間がいる可能性が高いですから、良い出会いができるといいですね。

適した教育で時間の使い方を変える

子どもに適した方法は何なのだろう？　と悩みだすと、わからなくなる方もいるかもしれません。ネットで調べたり、パンフレットを取り寄せたり、人に聞いてみたり、情報が増えれば増えるほど、迷いも増します。

どんなところが向いているか、一番わかりやすい目安は、「時間の使い方を変えてくれるかどうか」です。

良い大人と出会うことで何が変わるかというと子どもに前向きな姿勢が生まれることです。不登校の問題は、どんなにやさしい言葉をかけてもらっても、励ましてもらっても、言葉だけではなおりません。行動が変わらない限り決して解決しません。

実力は、自分の体を使わないとつかないので、「実行」するようになることです。私のところでも、不登校状態真っ只中の親子は、「もし～なら」「～だったら」と、何も始めていないのに、先の心配ばかり。子どもだけでなく、親も一緒になって大騒ぎです。うちのスタッフたちは、慣れたもので、「やってから言おうね～」と笑いながらかわします。

不登校の子どもたちと一緒にいて、長い間に学んだことは、「こうしたい」と希望は言うのだけれど、「しない」ということ。子どもたちは夢や希望を語って喜ばせてくれるのですが、いざ実行となると、なかなか動かない。（アレッ、言っていることと時間の使い方が違うゾ！）これが、現実です。

これを、どうすればするようになるのか？　できるだけ気持ちよくするようになるにはどうしたらいいか？　と、私たちも、今なお毎日考え、子どもに合わせ、時代に合わせて変化し続けています。

ですから、不登校の解決には、良い大人に出会い、安心を得て、やってみようという気持ちになること。それと、実行することがペアになっているのが条件です。

だから、努力するように、一日の時間の使い方を変えてくれるところこそが、適した教育の場なのです。

子どもの一日の時間の使い方から始まり、一週間、いいえ、もっと続けないと成果はでません。少なくとも半年、そして一年の時間の使い方を変えてくれる人に出会えれば、解決の道を前進していることになります。

18歳になる前に種を植えて育てたい

子どもたちの教育をしてきて、常に年齢の壁を感じます。18歳以上より高校生、高校生より中学生、中学生より小学生と、早い方がイヤの壁が低い分、体が動きます。

もちろん個人差はあります。しかし、年齢が上になって、「タイヘンダァ」と思ってしまうのは、「本人の納得」というフィルターを通すものしか受け付けなくなっていくところです。年とともに気に入ったことしかしなくなる傾向にあります。

「こうすればきっとうまくいく」という方法があったとしても、それをするかしないかを自分の気持ちのフィルターを通してゆっくり判断します。

何かするに当たって、まず条件が多く、自分独自の時間（オリジナルタイム）で動こうとします。「今はしないけど、後でする」というように、相手に合わせるのがとても苦手です。ものすごく細かく挽いたコーヒーをフィルターに通して抽出しようとしたとき、目詰まりして、何時間待ってもコーヒーが落ちてこない。こんなイメージです。

学齢期なら、「みんなと同じことをしよう」と集団の力も、親の応援も、周りの熱意もモチベーションとなり、「そうは言っても動く」可能性が高いのです。しかし、年を重ねると、人と同じことをしなければという気持ちも希薄になっていき、できない理由も巧み。それっぽいことは言うけれど、結局は今まで通り。

問題を解決する以前に、スタート地点に立たせるところまでにかかるエネルギーが、半端じゃない！　これって、すべて、そばにいるものへの負担です。だから、家族がつらいのです。

もちろん、何歳であっても、スタート地点に立つまでの苦労は大きく、今悩んでいる親子は、「これ以上のものはないのではないか？」と思っているでしょう。しかし、私たちの経験からすると、年が大きくなるにつれて、何かさせようとしたときの苦しさは桁外れに大きくなります（そう考えると今日が最も若いので、今が一番楽ですよ）。

このエネルギーは、失敗の経験を繰り返すたび、「ああダメだ……」と頭の中で不安がぐるぐる巡る日を重ねるたびに膨張していきます。

不登校になったことより、不登校状態を長引かせることがないようにというアドバイスの理由はここにもあります。不登校が長引いて、一人でいる時間が増え、会話する相手が少なくなると、閉塞感が心に蔓延していきます。

問題解決のための種を植えて、育てて、花が咲いて、収穫するまでには時間がかかります。スタート地点に立てないというのは、種すら植えられない状態。「納得フィルター」の目が細かくなる前に、努力できる環境に身を置けるようになればと思います。18歳を過ぎれば、中高生とは異なる解決方法をとります。それは、年齢によって、欲求も悩みの種類も変わってくるからです。

子どもが訴える体調不良に耳を傾けよう

頭痛や腹痛、吐き気がするとか、肩こり、足が痛いなどの子どもが訴える体調不良に、私たちはできるだけ耳を傾けるようにしています。

子どもが不調を訴えるには必ず理由があると思っています。子どもたちは、いろいろな形で、大人にメッセージを送っています。部屋にこもるのも、しゃべらないのもメッセージの一つです。

体調不良については、学校に行けないという心理が原因で起こっているのか、それとも、体の不良が先で、それに影響されて心に不調が起きているのか、きちんと対応するべきです。しかし、それは、何でも聞き入れるという意味ではありません。微弱なメッセージを漏らさず受信するのと同時に、神経質に聞き過ぎないのもポイントです。

体の痛みなど、個人によって感じ方にはずいぶん違いがあり、見過ごしてはいけないこともありますし、聞き逃すべきこともあります。日頃の様子も合わせて、正しく判断していきます。

歩くとなると、「脚が痛いから車に乗せてほしい」と言うけれど、遊んでいるときには、走り回ってもまったく平気なこともありますからね。中には、大げさ過ぎて、周りからブーイングなんてこともありますが、この大げさは「ほら、こんなにつらいのだよ、気付いて」というアピールだけではありません。そこには、派手に言い立てないと耳を傾けてくれないお母さんとの関係がチラリと見えることもあります。子どもの声には、親子関係も反映されます。

心と体は一体ですから、その因果関係はしっかり掴みたいものです。「大丈夫」と勝手な判断をせずに、体調不良は病院で検査をしてみるとよいと思います。手術や薬でなおること、生活習慣でしかなおせないこと、原因不明のこと、それぞれに分けてきちんと対処をしていきます。

第5章

不登校を家族で乗り越えていくために

家族ができること

この章では、子どもが落ち着き、不登校の本当の原因（第一のイヤの壁）に逃げずに向かい合うようになるために、家族ができることのアドバイスをまとめてみました。

子どもを落ち着かせるためには、近くにいる人が冷静になることです。

一番近くにいる人って誰でしょう？　家族です。お母さんです。不安定なときは、周りの影響を受けやすいので、「子どもを何とかしよう」と思わずに、まず「自分はどうだろう？」と振り返ってみてください。

「私、気が付くと公園にいたりして、自分でも我を失っていたと思います」

「子どもを預けたら、ホッとして気が緩んだからか、帯状疱疹でしばらく寝込んでしまいました」

「子どもがうつ状態だと思っていたけれど、私のほうがうつだったみたい」

これらは、私のところに子どもが入学してきた後のお母さんの声です。

家にいる時間が長くなると、母子の密着度が高くなるので、子どもと母親は鏡のような関係になっていきます。お母さんが落ち着けば子どもが穏やかになりますよ。お父さんは、そのお母さんを支え、どうしたらわが子が社会に受け入れられるようになるかを考えてください（元気学園ホームページ：4コマ漫画お父さんの為の不登校講座も参考にしてください）。

目指すことは、子どもが話し合いのテーブルに乗ること。親を頼るようになったら大成功です。家族の気持ちが穏やかになるのと並行して、不登校になっている原因を見極めて教育してくれる人に託すための準備を進めておくといいですね。

家と外との温度差を計る

家から出て行かないというのは、家と外との温度差が大きいからかもしれません。

「家が楽タイプ」は、外の世界が厳しい……というより、家は、ぬるくて心地良いけれど、外に出ると寒くて凍えてしまう。これでは、外に出てもすぐに家に逆戻りです。

お母さんは、自分の希望を何でも聞いてくれるお手伝いさんのようです。お願いしなくても、ご飯に掃除、洗濯。これが欲しいと思うような物を買い揃えてくれるし、何か頼めば文句を言いながらも要求を叶えてくれます。

また、働くお母さんの場合、昼間家にいません。だから、監視されることもなく、好き放題ができてしまうのが「家が楽タイプ」です。

一方の、「外がつらいタイプ」は、家の外に出ていかなければいけないと思っているのですが、いざ外に出てみると「人が何言いだすんだろう」と考えて怖くなる。わからないことがあると不安になり、教室の雰囲気が息苦しいと感じ、すぐ家に帰ってきてしまいます。そして「なんてダメな奴なんだ」と自己嫌悪に陥ります。

この頃は、友達親子も増えています。親子関係が逆転してしまっている家庭もあり、親が子どもにかしずいています。問題点を挙げるとすると、けじめがない。その関係を学校に適用すると、先生の言うことは「上から目線」であり、先輩の言うことは「偉そう」となってしまいます。

子どもをかわいがるというのは、何でも思い通りしてあげることではなく、外でうまくやっていける子に躾けたり教育したりすることです。もちろん、家族から愛されているという自信が、社会でがんばれる源です。子どもを愛することと、勝手気ままを許すことは違います。まず、家と外の温度差を計ってみてください。

子どもを部屋から出てこさせる2つの方法

不登校や長く引きこもる子を持つ家族には共通点があります。

今からお伝えするアドバイスは、子どもの力を借りなくても、家族ができることです。また、誰も悪者にならない方法ですからぜひ実践してください。家の雰囲気が変わると思います。

まず、家の中で人を批判するような噂話をやめます。

「そんなこと言っていませんよ」と思うかもしれませんが、意外にふと口にした言葉に、人の評価に関わるものが多いのです。お客さんが帰るや否や、「あの人はどうのこうの」「こんなお菓子の食べ方をしてああだこうだ」。家族が気付かずに言ってしまっていることに、子どもはとても敏感になっています。自分も批判されている気がするのです。

だから、家から悪口、陰口、噂話などすべてシャットアウトしてください。

口を開いたら文句が出てくるというのは止めて、何か食べたら、「おいしいね」「こんないいことがあったよ」と、肩に力が入らない、気楽に受け止められるような心地良い言葉を家の中に充満させてみてください。

次に、子どもに向ける表情、家族の中での顔つきです。

「わが子のことを悩み苦しんでいるのだから、笑顔にはなれない」と、その通りですが、実際に顔を鏡で映してみてください。

親しみを持たれそうな顔つきをしていますか？　もしや、睨みつけているときはありませんか？

引きこもりがちな子を外に連れ出すためにご機嫌をとって、「ゲームを買ってあげよう」「欲しいものはないかい？」とアメをちらつかせて、かわりに交換条件を納得させようとすることがあります。しかし、交換条件が成立するならば、ずっと前に解決しているはず。それができないから、今の状態になっているのです。

子どもとの関係は、対価を求めない。心から「大切なうちの子なんだよ」と、顔に書いてメッセージを送るのです。それは、一瞬でもなく、相手がニコッとしたときだけでもなく、いつでも変わらないというのが氷りついた心を溶かしていきます。

もちろん、悪いことをしたら叱るのは当然で、そのときに媚びへつらう必要はありません。でも日常的に眉間にしわを寄せて、怖い顔をするのはやめましょう。いずれもすぐにできることです。家族が何となくゴキゲンに過ごしていると、近寄ってくるものです。すぐに結果が出なくとも、子どもが「安全」を察知するまで続けてください。今までにも、このアドバイスを実行した父母から「ご飯を一緒に食べるようになった」といったことや、「本人も連れて相談にくることができました」といった成果が出ています。

親子の信頼関係を取り戻すには、まず、親が家の雰囲気を変えることです。

電気から子どもの魂を奪い返す

携帯電話をずっと握りしめている。ゲームやネットから離れようとしない。

「いっそのこと、停電にでもなってくれたら……」

「もう親の力ではできないから、誰かに取り上げてもらいたい」

こんな言葉をよく聞きます。

買い与えるときには、いろいろな約束事をしたはずです。本来なら没収することもできるのですが、それはなかなか難しい。

そうなのです。一旦与えてしまった権利は手放しません。相手だって、自分の身をかけて反撃してきます。依存症というのはそういうものです。テレビにゲーム、ネットに携帯電話など、電気が子どもの魂を奪ってしまっています。

どうにか策を講じて、心を取り戻す努力をしていくしかありません。子どもから依存しているおもちゃを取り上げるには、準備が必要です。

子どもがそれにのめり込むのは、楽しいからだけではありません。それがないと一日の時間がもたないからです。

だから、代わりのおもちゃを用意します。おもちゃというのは、適度に相手をしてくれて、苦しくなくちょっぴり楽しくて、時間をつぶしてくれるものです。

それを準備するのが父母の仕事です。子どもの魂を奪い返すために、代わりに何を与えるかを考えてみてください。何がいいのか？　何であれば本人が納得するのか？

その代わりのおもちゃになるのが、元気学園では「人・仲間」です。

人は、いいですよ。ネットや携帯電話よりずっと楽しい。もちろん、気に入らないことがあっても、リセットすることはできないけれど、人の温かみというのは何とも安心できる。初めのうちはそう思えなくても、人と一緒にいることで、少しずつ、少しずつ「人っていいな、一緒にお菓子を食べながらおしゃべりするのは楽しいな」。こういう気持ちを育てていくのも、十代の課題ではないかと思っています。

まず、親が安心できる場所を探そう

不登校の子どもたちのお父さんやお母さんも、子どもと同じように気持ちが頑なになっています。親子が一体化してしまっています。

でも、そこは一旦分離してください。子どもを家から引きずり出すのはできなくとも、親の体は自由です。行こうと思うところには、どこでも出ていけます。

一緒になって心を閉ざして、体も家に閉じ込めてしまわずに、子どもが出ていく場所を探し、「ここは！」とピンとくるところに足を運んでみるといいと思います。どこかに必ず問題を解決してくれるところがあるはずです。

決して電話をするだけ、パンフレットを見るだけではなく、自分の足で訪ね、そこにいる人の話をよく聞き、もしかしたら仲間になるかもしれない、そこにいる子どもたちを見て、判断してください。

本人は外に出て行かなくとも、親の目が子どもの目の代わりです。子どもは、親の言うことは聞かないけれど、信用はしているのです。だから、親が安心できる場所は、子も安心できる可能性が高いです。

電話をするだけではなくて足を運ぶというのは、情報を得る以上に、本人に与える効果もあります。親が自分のために時間を使い、交通費を使って動いてくれる。この行動から、親の熱意を感じるのです。親の熱意という愛情は、子どもを動かすのにとっても有効です。

不登校は根性や努力では解決しない

不登校は心の問題だと考えると、「根性がないのだ！」というような話になります。もちろん、根性は大切だし、必要です。子どもたちを見ていて、根性ないなぁ……（もうちょっとがんばろうよ！）と思うときもあります。しかし、レベルが違い過ぎるときは、相手を痛めつけることになってしまいます。

不登校の子どもに、「根性があれば学校にも行けるし、何でもできるんだ！」と説くのは、骨折をしている人に、気合いでマラソン大会に参加しろと言っているようなものです。無理ですよね……。確かに、「なせばなる！」ということもありますが……。

しかし、その根性をつけるまで、育てあげないといけませんね。

優秀なお父さんやお母さんに多いのですが、自分ががんばり屋だから、ついわが子にも同じことを要求してしまいます。ライオンが千尋の谷へ子を落とすのと同じように、子どもに強さを求めても、残念ながら今の時代、そういう育てられ方をしていません。弱っている状態であればなおさらです。急に強靭さを求められ、「何言い出すんだ！」とひねくれてしまいます。

学年が上がるにつれて、学生は高度なことを求められます。すると、跳び箱で3段は飛べたけれど、4段になると急に高く感じて、まったく跳べなくなるのと同じことが起こります。

子どもが困った状態に陥ったときには、根性だけで乗り越えられるものではありません。もちろん努力は当然ですが、努力するためには、適した助けや環境が必要。それを準備するのが、親の役目です。ただ、言葉で「ガンバレ」と言うだけでは、「どうすればいいかわからない」と迷路に入りこんでしまい逆効果。親が努力してできるだろうと思うことと、実際に子どもが努力したらできるかもしれないと思うことについての摺り合せが必要です。

言葉より、行動と表情から察しよう

家で「どうしたの？」「何があったの？」「なぜ学校に行けないの？　教えて」と家族から詰め寄られて、子どもたちが発することは、本当のこともあるし、本当でないこともあります。「ただ言ってみただけ」なんてこともいっぱいあります。

ですから、子どもの言葉に重きを置き過ぎるのは危険です。言葉というサインに100％の信頼を置かないで！　事実とかけ離れていってしまいます。

それより、行動や表情など、言葉以外のサインを見逃さないでください。言葉よりずっと正直で、ずっと気持ちを表しています。こちらを信用すべきです。

私の経験としましては、困っている人は本当のことを言わないものです。大切でないことは言葉にできても、肝心なところはなかなか言い出しません。数年経ってから、「実はあのとき……」なんてことがよくあります。

不登校の子どもは、叱られることをとても恐れています。お前が悪いなんて言われるのは怖いし、聞くのも嫌なのです。ですから、ついわが身を守るようなことを言います。

特に言い訳は名人級です。それが、相手を悪者にすることになるとわかっていても……。

相手次第で異なることを言うことだってあります。目の前にいる人が自分のことを「そうだね～」と共感してくれるように、言い方を変えます。親がその場にいるのであれば、「それは違うよね」とも言えますし、仲間たちに聞いて事実がどうなったかを確認することができます。しかし、学校であったことをお母さんは見ていないし、先生も知らない、同級生たちもお母さんに実はこういうことだとは教えてくれません。だから、事実関係が掴みにくいものです。

近頃は、言葉を信じ過ぎる傾向があるように思います。ふと出た言葉に重きを置いて、まるでそれが問題の中核であるかのように捉えられてしまっています。発した言葉が独り歩きして、子どもが困っている場面をよく見ます。

例えば、中1の女の子くらいに多いのですが、家族が学校に行かない理由をしつこく聞くので、「○○ちゃんがこんなことを……」と、口走ったことをそのままお母さんが学校に言いに行きました。その後、先生から同級生にその情報が流れ、学内では大変な騒ぎに。学校に行ったときにそれを知り、「何を言ったかよく覚えていないけれど大ごとになって驚いた」と、子どものほうが焦るようです。

言葉を簡単に信じてしまうのではなく、心は表情やしぐさ、行動に出ています。何も言わないときは、返事が「ノー」ということです。

言葉ではなく、子どもの行動をじっと観察して、そこから思いを察することが子どもの心を深く理解できることにつながります。

居場所でわかる子どもと母親の心理状態

「お子さんは、昼間どこにいますか？　家族がいるときには？　食事は一緒にとりますか？」

この質問で、子どもの心理状態を伺うことができます。部屋に引きこもって出てこない場合は、外と同じように「家族も厳しい」と本人が感じているのだと理解するとよいでしょう。

家族と一緒に食事をとったり、居間でくつろいだりするのであれば、家族を信頼している（もしくは甘えている）ということで、（どちらにせよ）少なくとも自分に害を与えないと安心しているということです。メンバーによって出て来たり来なかったりする場合もあります。お父さんがいると部屋に入り込むとなると、そこに苦手な何かがあるということです。

居場所で心がわかるのは子どもだけではありません。

お母さんの心理状態をはかることもできます。子どもと一緒にいられないというお母さんが結構います。そういう気持ちを言ってはいけないと思っていて、心でせめぎ合いをしています。

お母さんは、子どものことに一生懸命で、わが子がかわいくて、愛している。それゆえに怒っています。ぐうたらな生活、今のこの状態を心からよいと思っていない。けれど、これを容認しない限り、わが子とは一緒にいられない。だから、我慢しているのです。

そこでつい、ご飯を食べているときに席を立って洗い物をしたり、洗濯物をたたみに行ったりと、向かい合わないようにしています。本音が言いたいけれど、これ以上悪くなるといけないから言えない。他人なら「もう知らない！」と出て行けるけれど、親だからその場から逃れることもできない。そんな母の気持ち、切ないですね。

こういう場合は、親子が離れるのがよいのですが、子どもが家に執着していてそれが難しいときは、家の中に他人を入れてみると、少し雰囲気が変わるかもしれません。本人を刺激し過ぎない人を呼んで、明るく過ごしてみるのも一つの方法です。

カウンセリングはお母さんにこそ有効

カウンセリングは子どもよりも、むしろお母さんのほうが有効だと思います。というのは、カウンセリングでの言葉の受け取り方が、人によってずいぶん差があると感じるからです。子どもは、自分の気持ちや考えを言葉で表現するのが苦手ですから、言葉でのやりとりには限界があります。行動で教えるほうがずっと効果的だと思います。

特に感じるのが、子どもは「もし～」というような「条件」を聞き逃してしまうことです。また、最初はきちんと行っていたのだけれど、カウンセラーの元へすぐに行かなくなってしまったという子がとても多く、一年前、ないしは数年前にされたアドバイスである、「ゆっくり休めばいい」が未だにいきています。状況の変化とともに変わるアドバイスが、ずっと同じであるはずはないですよね。

ありのままでいいというアドバイスを「今のままでいい↓このままでいい↓何もし

なくていい」に置き換えてしまっているケースもよく目にします。成長期に今のままでいいはずはなく、努力しなくてもよい状態を肯定してしまうのは、本来の目的ではないと思います。

一方、お母さんは、子どものことや家族のことなど、さまざまな心に溜まっているものを吐き出す場所がありません。誰かに気持ちを吐露したいのだけれど、身内に言えば角が立つし、他人に言えば身内の悪口のようになってしまい、相談できる相手は限られてきます。誰か聞いてくれる人がいるだけでも、ずいぶん気持ちが穏やかになるのではないかと思います。

元気学園では、面接相談の他に、ブログがカウンセリングのような役目をしています。不登校だった子どもたちが人の中で明るく、元気になっていく姿をブログで確認できるようにしつつ、今、目の前で起こっている問題についてどう取り組み、解決しているのかを知らせています。

子どもが不登校になると、子どものことで精一杯なのに、さらにお母さんには世間や親戚から、「育て方が悪いのでは？」といった視線が突き刺さります。

子どもがうまく育っているかどうかが、そのまま母の評価になってしまうのですから、母ってつらいですよね。

その心を明るくして、「子どもの本当の姿」「現実」に目を向け、耳を傾けられるようブログを通して応援しています。あったかくて、偏りがないニュートラルな心になってもらえるといいなぁと思って毎日書いています。

今日こんなことしたよ、旅行に行ったよ、学ぶ目的はこれだよ、こんなものを食べたよ、おいしかったよ、お出かけしたよ、などなど、笑い話もあれば、時には厳しい話、不登校の見方、取り組み方、不登校での共通の悩みもあります。これからは、セミナーにも力を入れようと思っていまして、そのお知らせもブログでしています。本やセミナーを通して、不登校の親子が抱える不安を解決する方法など、よりよく子育てができるように、経験を伝えていきたいです。お母さんが穏やかになれば、ピリピリした家族の雰囲気も和らぎ、不登校解決に一歩前進です。

力をつける環境に子どもを導く

子どもは亀のように首を引っ込めています。ちらっと見ては、また首をひっこめる。「どんなところか興味はあるけれど、やっぱり怖いし不安」。これが子どもたちが外を眺めるときの気持ちです。

外に興味があるけれど、心は常に不安でいっぱい。家の中では偉そうにしていても、家から出た別の場所でやっていける自信なんてかけらもありません。

でもやっぱり、外が気になるから、父母の一挙手一投足をチェックしています。「何か面白いことないかな〜。この状態を好転させる良い情報を探してきてくれないかな〜」と心の片隅では願っています。

ただ、言う言葉は「うるさい、ほっといて！」かもしれません。しかし、心はいくつもあるもの。それだけが本当だとは限りません。「ほっとかないで！」も同じくらい、本当の気持ちです。

親子関係は不思議なもので、親の言うことは聞かないし口喧嘩もするけれど、でもやっぱり、世界中の誰よりも「決して自分に損になることはしない」と疑いもしません。そういう意味では他人より、お父さんやお母さんのことをずっと信じています。

不登校問題の根本原因の一番大きなものは、実力を含む本人の問題ですから、子ども自身が体力・学力・コミュニケーション能力などの総合力を高めるしかありません。それは学年が上がる毎に、親の力を超越していきます。

では、すべてお手上げかというとそうではありません。親のできることは、その実力をつける環境に子どもを導いてあげることです。

解決方法の章で説明した通り、不登校の解決の真ん中まで連れてこれるのは、他人ではなく、父母しかできないことです。家から出ていくところを探すときに、ただ「居場所があればいい」だけでなく、「次につながる、実力をつけられる場所」であるとよいと思います。

努力することやちょっぴり我慢することは、つらいことも苦しいこともあるけれど、それがあってこそ新しい自分に変わっていくもの。その実力が、未来に羽ばたく力となるのです。

子どもの「イヤな記憶」を忘れさせる方法

「学校に行かない！」と決めるに至るイヤなことがいっぱいあったから不登校になったわけで、子どもたちの頭の中は苦い記憶でいっぱいです。それを「忘れたい」と思えば思うほど、ますます記憶に刻まれ、たまに学校に行けば、またつらい記憶が焼き付いてしまいます。脳の特性上、「忘れよう」とすればするほど、深く記憶されてしまいます。そのイヤなことを忘れる、良い方法があります。

それは、忘れるのではなく記憶を新しく塗り替えるのです。元気学園でイベントや体験学習がとっても多いのは、それが理由です。

どこかにお出かけして、初めての経験をする。そこに、共に笑えて、同じハプニングを体験する仲間がいれば、なおさら記憶に深く刻まれます。自然にハハハと笑ってしまうようなことが心をもみほぐして、イヤだった記憶を消し去っていきます。見たり、作ったり、聞いたり、食べたり、触ったり、自分の五感を通した経験が頭を占領していたつらい記憶から別の興味へといざないます。

夜に寮に行くと、ちびっ子たちが寝静まったあと、お兄さんたちがリビングにいます。「ちょっとラーメンでも食べに行こう！」と誘うと、もう顔はニコニコです。

家庭でも、外食をうまく利用するのはどうでしょうか。お父さんが、「お前だけ特別に」と誘ってお出かけしてみると、親密さが深まるかも?

不登校のときこそ、家のお手伝いを

周りのみんなが掃除をしていても、こちらが何も言わないと、ボーっと立ってい る。自分の荷物を移動させるのに友達が運んでいても、それをじっと傍観者のように見ている。学校でしてきたのと同じ光景を私のところの生活の中で見ます。

仲間作りが苦手な子どもたちの特徴は、周りと共通の目的を持つことができないことです。

こちらから「一緒にしようか」と誘うと、「いや、今やろうと思っていた」と、余分な一言(ハイって言えばいいのに)。「指ケガしちゃって」とできない言い訳(ケガしててもできることはあるよ)。

カッコ書きの中は、周りの者の心の声です。一回きりなら、聞き流して忘れてしまうことですが、この繰り返しが、「またか」と、冷ややかな目を誘います。

こういう話をすると、お母さんほうは、「うちの子、気を遣い過ぎてできないんです」とおっしゃいます。

子どもたちを預かってみて、本当に気を遣っている子はすぐに動きます。一回目は何をしていいかわからなくても、毎回、何もせずにじっと立っているということはありません。ましてや、どこかに姿を消してしまうなんてことはあり得ません（掃除など義務的なことになると、トイレに入り込んだり、いなくなる子って多いのですよ……）。

いつも参加しない場合、その態度や行動を同級生たちは見ていて、「協力する気がないんだな……」と感じます。大人なら許してくれることも、同級生たちは許しません。「自分もしているんだから、お前もやれよ！」という気持ち、わかりますよね。

仲間作りができるようになるのは、とっても簡単です。

いつも参加すればいいのです！

これは、家で大いにできる訓練です。家には、お手伝いという協力する用事があります。不登校で家にいる間は、たくさんお手伝いしてもらうとよいと思います。

一人でできるようになる前には、必ず一緒に作業をしてあげてください。やって見せて、教えてあげてくださいね。これは、最終的には仕事そのものです。家で役に立つのなら、社会でも役に立つ可能性がぐんと高まります。

学校からの連絡は、お母さんにとって心臓が止まる思い

学校の先生から電話がきたり、訪問があります。その仲介をするのは、お母さんです。

良い報告ができるときはいいのです。しかし、状態がかんばしくないときには、会いたくないし、説明のしようがない。でも、避けることはできない……。

お母さんも困ってしまいます。そして、先生に向かって、「すみません」と何度も頭を下げる。親切にされればされるほど、動かない子どもを目の前に申し出を断らないといけないこともあり、母は情けない気持ちでいっぱいになります。

すると、子どもに向かって、「先生がこう言っていた、ああ言っていた。あなたはどうするの？ このままでいいの？ あなたがこうだから――――！」と、抑えきれない気持ちをぶつけてしまいます。

それに反応して、子どもはアレルギー発現！ 大変なことになってしまいます。本来、学校の刺激から壁となるべきお母さんが（隠れるために家に逃げ込んでいるのですよ）、先生の代わりとして家にまで入ってきては、もう子どもはその場から逃亡するか、荒れるかしかありません。本当は、それから守ってあげるべきなのですが、矢面に立つと母は心の余裕を失ってしまう……。

こういう物語が、学校の先生から連絡が入ったときに起こります。特に、真面目なお母さんほど攻撃力が強いものです。先生の行動は親切心からであって、決して、悪気があるわけでもないのですが。

私の知る限り、学校の先生は良い人が多いと思います。ちょっとお節介かなと思うほど、親切。でもその親切が的外れなときもあったりして……。

生徒たちに、「学校の先生から連絡が入った後、お母さんが荒れると思う人？」と聞くと、全員「そうそう」と大きくうなずきます。

元気学園に訪問される校長先生をはじめとする学校の先生方には、「お母さんを刺激し過ぎないでくださいね」とお願いしています。

ある生徒の母親の話ですが、「子どもが中学校に行かないときに、先生から呼び出しを受けたり、電話をしてもらったりしたときつらかった。どうやったらうちの子の不登校を解決できるかという会議を開いてもらっても、『どうしたものか』と全員で頭を抱えて悩むばかりで答えはなかった。校長先生や先生たちの時間を使ってもらっても何の進展もなく、その場にいたたまれず申し訳ないような苦しい気持ちでした」ということです。

もし、この本を読んで下さっている学校の先生がおられましたら、参考にしてくださ い。

そしてお母さん方に一つアドバイスです。先生に良い報告ができなくて心苦しいときは、「変化があれば、こちらから連絡します」と一言を伝えておくとよいと思います。

子どもには国語力

子どもたちに最も頼りになる学力は、国語力です。

教科学習では、英語や数学の前に、まず国語！　すべての学びの基本が母国語。自分の思考を決めているのも、国語です。

不登校の子どもたちは、コミュニケーションが苦手だとか、相手の気持ちがわからないなんて言われていますが、実のところ、使っている言葉の意味がわかっていないことがよくあります。実に簡単なところでつまずいています。

子どもが親の言うことを聞かないのは、反発しているのではなく、何を言っているか理解できていないだけかもしれません。わからないから「とにかく、イヤだ！」と表現していて、そのイヤだの意味を取り違えているのかも⁉

優秀な父母によくあることです。自分と同じように相手も考えると思って、不登校の問題を難しく、難しくしてしまう。そばで見ていると全然通じてない！　親の言っていることの意味がよくわかっていないだけなのです。

私たちが、「お子さんはこう言っていますよ」、「お父さんお母さんはこう思っているんだって」と、親子の会話の橋渡しをします。するとお互いに、「そうなのですか?」「そういうことなの?」と、長い間の行き違いに初めて気付くなんてことは、しょっちゅうです。まるで、外国人同士の会話みたい……。

国語力は理解するためだけではなく、伝達する場合も必要となります。不登校の子どもたちは人付き合いにおいても、自分の思いを正しく相手に説明することが苦手です。言いたいことが言えないし、考えているうちに、みんなは別の話題に移ってしまいます。細やかに説明できないから相手に真意が伝わらなくて、がっかりすることもしばしばです。

「のり忘れちゃったんだ、貸してくれる?」勇気をふり絞って言ったのに、友達が迷惑そうな顔をしました。

すると、「自分のこと、嫌っているんだ……」と思い込む。そうではなくて、使っているところに貸してと言われたから、相手は困惑しただけでした。

そこで、「もしかして使ってた? あっ、ごめんね。じゃあ、使い終わったら貸してくれるかな?」こんな一言が出るようになれば、人間関係は、より円滑になります。

自分の希望も叶うし、相手も友達に親切をしてあげることができて、親しさが増します。

国語力を高めるには、言葉数を増やすことです。より多くの言葉を正しく理解して使いこなせるようになれば、自分の気持ちに沿った細やかな表現ができるようになります。国語力は、外で力をつけるより、圧倒的に家庭に依存している部分が大きいです。何と言っても、生まれてからずっとその家族の会話の中にいますからね。そういう意味で、お父さんお母さんは励んでください！

家庭では何か子どもに話をしたときに、「今どんな話をした？」と聞いてみてください。的を射ていたら、かなり通じていると言えるでしょう。黙ってしまったり、別の話に変わったりしたらまずいです。まず、話すスピードをゆっくりに変えましょう。なおかつ、内容を詰め込まずに、シンプルにわかりやすく伝えてください。

小学生の不登校の場合、国語力の向上のために毎日夜寝る前に本を読み聞かせしてあげるといいですね。中学生以上になると、子どもが親を避けるようになるので、別の方法として、本屋で良さそうな本を何冊か買ってきて、見えるところに置いておくのもよいでしょう。もし読んだ形跡がなくても、「手を付けていない」って怒らないでくださいね。しばらく続けてみると、変化があるかも知れません。親がいないときにページを開いて、帰ってくるときには元通りにして、読んでいないふりをしている子もいますからね。

学校に行くと言ったら、次の日から始めよう（できないことを認めよう）

子どもがあれこれと条件をつけて、「学校に行く」と言ったとします。

条件がある場合は、「本当はイヤだ」と思っていて、先延ばししていることが多いです。

例えば、中2の男の子が「次の学年になったら行く」と言ったとします。今は2月の末、あと1か月もあります。

そのときは、すぐに学校に行かせるようにするのがいいでしょう。子どもをいじめるわけではありませんよ。これは、行くことに意味があるわけではないのです。

4月になったときに行かないことへの予防策です。そのときになって、行かなければ、「行くって言ったじゃないか」と親子喧嘩。仕方ないから、そこから、次のことを考え始めます。

2月の時点から3か月も経っていて、その時間が第三のイヤの壁を大きくしてしまいます。

こうして、時間を捨てていくのです。1か月の遅れを取り戻すのが、どれほど難しいことか。最終的には、本人の重荷となります。だから、「いついつになったら学校に行く」と言うのであれば、その次の日から行ってみるとよいと思います。

「今は夏休み中だからできない」「学年が変わって、クラス替えがあるまで待ちたい」と言うのであれば、家で学校と同じ生活ができるかどうかを試してみてください。家でできないのであれば、やっぱりできないということです。

ですが、できないことを決して責めないでください。これは、親子が「できない」ことを認めるのが目的です。これをきっかけに、体力・学力・コミュニケーション能力のどこかに足りないことがあると気付けたとしたら、不登校の解決へ前向きに進んだことになります。時間を捨てないために、家族ができる子どもへの助けです。

父子家庭は、日々の生活チェックから！ まずは食事

父子家庭では、娘が育てにくいという傾向があります（男親は女の子がわからないし、女親は男の子をどう育てていけばいいかわからないものです）。

片親だからといって、不登校になるということはありません。しかし、子どもにとって、生活の助けが少ないのは大きな負担ですから、学校生活がつらい子どもたちにとっては、不登校になる可能性が高くなるのは事実です。

父子家庭で、まず子どもが困っていることは日常の生活。一番が、食事でしょうか。お父さんは上手に作れないし、作れたとしても、仕事との関係でお腹がすく時間には戻って来られない。おばあちゃんがいたとしても、作ったものは、若者の口に合わない。

食事が行き届いていない場合、ちょっとしたことの我慢ができなくて、すぐにイライラして人に当たります。他人には遠慮があるからしないのですが、身近にいる親切

な人に態度が悪いのです。

食事と不登校は関係ないのではないかと思われる方が多くいますが、実は深い関わりがあります。食べないとやる気も出てきません。健康は生きる上で、すべての基本です（元気学園では、とっても力を入れています!!）。

今どきのお母さんは食事以外でも、学校の準備や持ち物も、子どもが気に入るものを用意してくれますが、お父さんやおばあちゃんでは、それとはどうも違う……。

子どもには、日々の世話をしてくれる人が不可欠。生活の土台が揺らいでいるから不登校なのか、それとも他に原因があるのか、まずは、生活を満たせるような体制を作っていくことです。

経済が許す範囲内で、家政婦さんや家庭教師、外食や塾などを組み合わせるのも一つの方法ですし、寮のある学校のように、生活すべての面倒をみてくれるところもよいかもしれません。新しいお母さん？……う〜ん、それは相性次第です。

母子家庭に単身赴任、足りないのはおやじ力

母子家庭での相談が多いのは、断然、女の子より男の子のほうです。お母さんが可愛さのあまり、息子に弱い（……というより恋人のよう⁉）のはもちろんのこと、女性は男の人に従ってしまう習性があるのか、息子の言うことをつい聞いてしまうところがあるようです。

また、母親が父と母の両方の役割を果たそうとしても、一人二役は、なかなか難しい。しかも、中2くらいになると、体格も腕力も子が母を追い越すので、とてもかないません。そうなると、空いている「主人の椅子」に子どもが座ってしまいます。

息子がご主人様となっても、調子良く事が運んでいる間はよいのですが、不登校のように道に迷ったときに困ったことが起きます。

お母さんの言うことなど、「ハイハイ。あー、うるさいなぁー」くらいにしか聞いていません。小うるさいおばさん扱いです。

どうしてそこが問題かというと、周りの大人に対しても、お母さんと同じ感覚で甘く見るようになってしまうからです。世の中お母さんほど親切な人はいないもので、他人をなめてかかっては、そうは問屋が卸しません。

また、同級生はオスに変化して男社会で生きる強さを身につけていきますが、この場合、その部分は成長しないままです。男の子にとって思春期に必要なのは、「強さ」を教えてくれる「おやじさんの力」です。それは、「守らないといけない！」と思わせる強制力や抑制力のこと。思春期のやんちゃな年齢には、おやじという重石が必要ですね。

お父さんなら、「社会が許さないから、お前の言うことは聞けない」と突っぱねられます。学校に行かないことに対して、「許さない」のではないのです。不登校の原因となるものの中に、「約束は守らないといけない」とか、「お母さん（女の人）に態度悪いのは許さんぞ」とか細かに説明するのではなく、父親（男）の威厳をもって教えられ、従うという経験から、社会で生きていく姿勢を学んでいきます。

お父さんでなくとも、愛情をもって接してくれる人で、強い人。おじいちゃんでも、お母さんの兄弟でも、先生でも、誰か代わりになってくれる人を探せるといいですね。

お母さんの新しい恋人でもいい？……それはどうでしょうか。息子が母を横取りされたと嫉妬する場合があるので、こじれる可能性大です。もちろんこちらも相性次第です。

祖父母家庭は、スピードと阿吽の呼吸

おじいちゃんやおばあちゃんが孫を育てているという家庭も最近は増えてきています。お年寄りが育てると、まったりと可愛がってくれるので、その点では十分。

しかし、若いお父さんやお母さんと比べると、全体のスピードがゆっくりです。学校でもその速さで動いてしまうと、同級生についていけません。だから、スピードアップの練習をしていくとよいと思います。

それに、おばあちゃんはいろいろな要求を言葉にしなくても、孫との阿吽の呼吸で

わかってくれるので、しゃべらなくても事が足りてしまいます。

家庭内ではそれで済むことも、学校では同じように察して、手を差し伸べてくれる人はいません。そういう子どもたちは、自分の要求を言葉にするのが苦手です。「助けて」とか、「今こういう状況だからどうしたらいい？」といった言葉でのやりとりを家族が日頃から心掛けるとよいと思います。

不登校の経済学　お金のことを言い過ぎると後で大変な目に

「不登校にならなければ、こんなお金いらないのに！」と、何かを始めようとしたときに、「つい」出てしまう言葉。これが、子どもたちの心を攻撃します。

言っているほうは、「がんばってほしい」という前向きな姿勢を期待しているだけかも知れませんが、子どもにとっては心がえぐられるほど。態度の端々に感じられる「もったいない」にとても敏感に反応します。

正直なところ、不登校にかかるお金は、後ろ向き資金だと思ってしまう人も多いのではないでしょうか。それは、子どもが嬉しそうにせず、また、成果も期待できないので、投資の価値がないと親に思わせてしまうということもあるでしょう。

自然災害であれば、いくら相手を責めても、痛くもかゆくもないので反応なし。でも、同じことを子どもにすると、ただでさえ親の顔色を気にしているのに（少しは、悪いな……と思っているのですよ）、そこに追い打ちをかけるように「もったいない！」とくると、「それならいいよ！　もう何もしない‼」と、へそを曲げて部屋から出てこなくなってしまいます。

そうなってしまうと、梃子でも動かない。一旦曲げてしまったへそは、簡単には戻りません。こういうことが、長い引きこもりのきっかけになります。

もし新たに始めようとすることを失敗した場合も含めて考えてみて、それでも、もったいないと思うようなら、別の方法を採ることをお勧めします。惜しいと思うようなことは、最初からしないほうがいい。その代わり、すると決めたのであれば、結果はどうであれ、もったいないは絶対に言わない。なぜなら子どもは、親がもったいないと思う気持ちに、自分の価値を重ね合わせてしまうからです。

子どもだって、不登校になりたくてなっているわけではありません。行けるなら行くし、できるならするけれど、できないからそうなっているのです。

だから、できることをさせるためのサポートとしての教育費。「ああしていていればよかった……」と後悔をしても、時間は戻りません。これまでを後悔するより今から何をするかが大切で、長引かせないためにどうしたらいいかを考えるほうが得策です。後ろ向き資金だと考えるのではなく、発想を変えて、「時間をお金で買う」。

不登校は長引くと、なおすのに時間がかかります。年齢が上になるほど、時間がかかります。時間がかかるということは、それだけ難しいということですから、それに相応する対価が必要になります。できるだけ短い時間で解決するためには、休んでいた時間・遅れてしまった時間を取り戻してくれるものは必要であって、無駄ではないと前向きに捉えてみてはいかがでしょうか。

第6章

不登校を科学的アプローチで解決する

私たちが20年間でしてきたこと

元気学園は、不登校の子どもたちの治療教育をしている寮のあるフリースクールです。生徒たちは、主に中学生と高校生で、小学生と二十歳くらいまでが少数います。北海道から沖縄まで日本全国に加えて、海外からも来ています。

不登校と一言で言ってもさまざまなタイプがあり、これまでにあらゆるタイプの子どもたちを見てきました。親子と対面しての面接相談では数千件の相談を受けてきましたし、電話となるとその数倍です。

通学生もいますが、寮を開設してからはほとんどが寮生です。寮での関わりは、通学とはまったくというほど違います。昼間いるだけでは見えないことを目の当たりにします。生活を共にするのは、子どもの性格や判断基準をいつも身近に感じます。

何より一人の子どもに深く関わります。また、大人のいない、子どもたちだけの群れの中での様子を知ることができます。

もし、寮ではなく通学だけで不登校に関わっていたとすると、今までの数倍以上の人数を見たとしても今の領域には達しなかったと思います。それほど、昼間の一時だけの姿と、一日通しての連続性がある姿は異なるからです。寮があったからこそ、不登校の根本的な原因を知ることになったのだと思います。

フリースクールというとのんびりしているイメージがあるかもしれませんが、元気学園は、限りある成長の時間に、できるだけ教育するという積極スタイルです。

初期は、体を元気にするプログラムが最優先です。仲間と一緒に、気持ちがウキウキするようなことをいっぱいします。楽しい気分になることって大切です（笑）。心が溌剌とすると、固くしていた体を自由に動かすようになります。

また、体が健康になると心も元気になるので、自然と気力がわいてきます。ニコニコと笑顔の時間が増えると、頭も動き始めます。すると、少しずつ自分のために努力するようになっていくのですよ。

教科学習は、国語・数学・英語・理科・社会に加えて、美術や体育、音楽、技術家庭など。大学受験まで指導しています。また、ピアノやそろばん、歌、硬筆、書道などの習い事も取り入れています。旅行にイベント、体験学習も多く、楽しいこともたくさんしています。

さらに、海外の大学と交換留学協定を結んで、短期留学生を受け入れたり、逆にこちらからホームステイしたりと幅広く活動しています。

元気学園は不登校の中でも体調不良を伴う子どもたちをなおすのを得意としているので、生徒たちはそれぞれに体調不良とプラスアルファの問題を抱えています。

入学してくる目的が、「朝起きられるようにしてほしい」というところから、「プライドに見合った学校に入れるくらい実力をつけてほしい」まで範囲が広く、入学年齢も在籍期間も異なるので一概には言えませんが、ほぼ全員が学校復帰していきます。

そして、進学したのち、さらに就職して働いているところがうちの自慢です。

少ない人数の中から、毎年国公立大学に合格していく子どもがいます。また、進路先は、自分と同じような苦しみを持つ人を助けたいと、医学部、薬学部、看護学科などの医療系、教育学部などの希望が多いのも特徴です。

寮のあるフリースクールというと、とても厳しいのではないか、怖い子達がいっぱいいるのではないかと先行するイメージがあるようですが、そういったことはありません。

それぞれの問題を抱えてはいますが、「再出発しよう」と子どもたちは前向きに励んでいます。元気学園の生徒たちは、明るく穏やかです。来校した学校の先生やお客さまが、「この子たちは、本当に不登校ですか？」と、イメージとの違いに驚くほどです。目を見て笑顔で挨拶しますからね。

勉強中の教室は、とっても静かですから安心して学べます。遊び時間は、みんなでワイワイと賑やか、食べているときはニコニコと快活です。

この章で紹介する元気学園での取り組みは、不登校の原因に対する一つの解決方法です。不登校の解決の半分より後半、「実力」をつける部分を担うものです。

原因によって適した解決方法が異なるので、すべての子どもにこの方法が向いているわけではありません。しかし、不登校の子どもやその親が抱える悩みに対して、目を逸らさずに正面から取り組み、「三つのイヤの壁」を乗り越えるのに必要なものを一つずつ足して、手作りで作ってきた教育方法です。解決のヒントになれば幸いです。

特徴は脳や体の機能に着目しているところ

不登校にはいろいろなタイプが含まれているので、そのどこをターゲットにしているかで、解決方法が変わってきます。私のところは、体調不良のある不登校の子どもたちを元気で活発にするのが得意分野です。

不登校は本人が動かないので、「心に傷を負っているのでは⁉」と、どんどん難しく考えていってしまうのですが、実際には一日もつ体力がない子が多く、私たちはその基本のところから取り組んでいます。

子どもが、「イヤ」と気難しいのも、拒絶するということも、やる気がないのも、ボーっとするのも、心臓の働きや脳の血流、骨格の変形からくる姿勢の悪さなどそういったことが原因で起こっている場合があると考えています。

ですから特徴は、脳や体の機能に着目して独自の教育方法をとっているところです。

「不登校と体って関係あるの？」と思う方もいるかもしれませんが、大いにあります。

疲れやすい、不器用、緊張が強い、やる気がでないということも、心や気持ちが決めているのではありません。気持ちの持ちようだとか、心のせいだと思っていることは、実のところ、自分の体を上手に使いこなせないことが原因である場合が多いのです。

それについて特別な教育をしています。元気学園は、医療検査の結果や大学との共同研究など、日々の観察や経験を通して、そのデータをもとに、体全体の機能を高めることで根本的な解決をしています。健康にすることで、子どもの能力全体をボトムアップしているとイメージしてもらうと、わかりやすいかもしれません。

ただ、体を健康にするだけでは学校復帰はできないし（何か一つだけできるようになったからといって学校には戻れないのです）、社会で生きていく力はつきません。優先順位の第一が、体ということです。そして、元気になって体力がついてできた時間で、学力やコミュニケーション能力を高めています。

学校復帰や進学、就職の手助けから

第二の特徴は、不登校のその後にある、学校復帰・進学・就職などに関わってきたことです。

今のところ小中高生が多いのですが、これまで、幼稚園から三十歳くらいまでの、広い年齢層を見てきました。思春期の不登校の悩みは、年齢によってどんどん変化していきます。今の悩みに上塗りされて、新しい悩みが出てきます。それに向かい合うためには、常に子どもに合わせた方法の準備が必要です。

年齢が上になるほど学校や社会に戻すのは難しくなるので、広い年齢の状態を知ることで、「次に何が起こる」を予測して事前に対応できる範囲が広がりました。

さらに、学校復帰後のサポートもしてきました。治療教育後、寮から中高や大学に通わせる子どもたちが、多くはありませんが少しだけいます。

その子たちにとって私たちは、学校生活をサポートする親代わりと家庭教師、そして先生の兼業のようなものです。卒業生やその父母たちから聞く様子だけでは知り得ない、学校復帰・進学後の様子をつぶさに知ります。一たび問題が起これば、すぐに学校に出向き、先生の話を聞き、子どもたちをわかってもらうために、性格や体力、能力を説明し、さまざまな調整をはかります。

働く練習や就職のサポートもしてきました。こちらは、数年前に「自活館」として、元気学園から分離しました。農業生産法人としての活動に加えて、企業で働けるようにトレーニングしています。企業とつながることで社会が何を要求しているか、生の声が聞こえてきます。

その働きぶりが会社側から報告されます。それを聞いて、時には、状況を説明するために本人に代わって、声を代弁したり、逆に本人には社会の仕組みを諭したり……。

このようにさまざまな経験を元に、子どもを育てて大人にしていく方向と、大人から逆算する両方から同時に見ることで、今必要なことを後回しにせずに取り組んでいます。

不登校を「科学的」に見る

私のところでは、子どもたちを、ミクロの目とマクロの目、それに、科学の目で見ています。

ミクロの目というのは親の視点です。お父さんやお母さんは、わが子の才能をどう伸ばすかを考えています。視野でいうとうちの子だけのピンポイント。とても小さいのでミクロの目です。

それは、細かなところまでよく見えます。預かっている限りは親代わりなので、子どもの才能のどの分野に栄養をあげて、どう伸ばしていけばよいかを常に考えています。その方向性は、将来、健康で、働く場所があり、社会に役割があることです。幸福感を感じながら暮らせるとよいと思います。

不登校の問題は、他人事だと思っている間は、「いつかよくなるだろう」と当たり障りのない言葉でその場しのぎ。しかし、身内だと思うと、「こうしたほうがいいのでは?」「すぐに対処しなければ!」と、一生懸命さが違ってきます。

マクロの目というのは、社会の目です。

世の中はどういうものかを知ったうえで、目の前の子がどの位置にいるのかを測る目です。子どもを学校や社会にうまく合流させるには、「どのコミュニティーに所属させるのか（合流させる先の集団は、どのようなものか）」、またそこで、本人が「どのくらいのことができるのか」を考えていかなければいけません。

例えば中学校に復帰したいという子どもには、学校生活に必要な体力、進度についていける理解力と宿題をする力、同級生と同じくらいのスピードで動くこと、仲間作り、情報を集める力などが必要です。

大学選びにしても、難関大学に行きたい子には、知識と表現力、そして、プライドに応じたガッツ、それなりの人とお付き合いできる礼儀が必要となります。

大学に行かずに働きたいという子どもには、休まない体力。時間と約束を守ること。きちんと仕事をする真面目さ。役に立ちたいという気持ちが必要です。

このように、社会の合流していく場所に、相手に合わせてくれるよう望むのではなく、子ども自身が自分から適応し、合わせるのです。そのためには子どもが目指す場所では、何が必要かを知らなくてはなりません。また、子どもの状態が次に出て行く場所に馴染めるかを常に見極めて、扉を開ける準備を進めます。それが、マクロの目です。

そして、最後が科学の目です。

子どもたちが不登校になるような原因を解決していくためには、状態を正しく把握することが必要です。そのためには、寮生活や学園生活の中で、様子をじっと観察をするにしても、一人の目ではなく多くのスタッフたちの目を通して、複眼で見ていきます。

子どもは日々変化していきますから、子どもの姿を一面で捉える二次元ではなく、立体である三次元、そして、それに時間軸を加えた姿で追っていきます。また、自分の目で正しく見ることと同時に、客観的に見ることも必要です。

私のところでは、医療検査を行い、体の歪みや、心臓の状態、腸の様子など、大学病院レベルの高い水準での医学的データを基にして、日々の教育にいかしています。

治療教育の一つとして運動療法も行っていて大学と共同研究をしています。

簡単にその結果を説明すると、元気学園の生活を始めて1か月後には、心臓のポンプの強さが1割以上アップします。心臓が強くなると、疲れにくくなります。また、自律神経系の働きが良好になっていきます。

3か月後にはうつ状態に効果が見られ、6か月後には将来志向（自分の将来に希望を持つ気持ち）がぐんと高まっています（元気学園のホームページにその結果を紹介していますのでご覧ください）。

体のほうはすぐに反応していますが、本人がそれを自覚するのは、3か月を過ぎてからです。生理的な機能が先に変化し、それに数か月遅れて、心理的な変化を自覚することがこの結果でわかります。体が先で、心が後からついてくるということです。

不登校の子どもたちによく見られる、頭痛や腹痛をはじめとした体調不良や学習時間の居眠りについても、いつ、どんなときに起こるのか、状態を正しく掴み、それを教育にいかしています。

よくあることなのですが、検査をして、「異常なしだった」、もしくは、少し異常があったが、検査のみでその後何もしないという親子がたくさんいます。

検査結果では、今の様子を知ることができます。しかし、検査をして状態を知ったからといって、治療法がなければ、ただ調べただけになってしまいます。

医学的な検査結果を教育にいかして、改善の方向に向うようにして初めて解決につながるのです。医療と教育が融合すべき場所です。

不登校の本質に近づくには、よく見る、一緒にいる、一緒にする、子どもたちがどうしてそんな気持ちになるのか、困ったときにどんな行動を起こすのか、知るということです。一つの事柄は一人の子の特殊なケースとして起こっていることなのか、それとも同じような考え方や行動を起こす子たちのグループに分けられるのか、混沌としている中から本質を見出していきます。

医療と教育の境で

「元気学園はどんなところですか?」と聞かれたとき、「病院と学校と家庭を併せ持ったようなところです」と答えるのが、最もイメージしやすいのではないかと思っています。

その病院というのは、精神ではなく、体についてです。病院といっても医療行為をするのではなく、手術後のケアやリハビリをするようなところです。

不登校の子どもたちの不調の訴えは、生死に関係するほどの問題ではなく、手術方法もなく、また、薬で治るものでもありません。それには、運動や食事や生活習慣の改善を、日常生活の中で時間をかけてなおすしかないものがほとんどです。健康だとは言えないけれど、病気というほどのものではないから、病院に通うことはない。

では病気ではなく、学校に関することだから「教育だろう」となるのですが、学校は来ない者に対してはどうすることもできません。

このように、体調不調を伴う不登校は、医療と教育の隙間にすっぽりと入ってしまって、どちらも守備範囲ではない状態が起こっています。

そこで、治療と教育を併せ持った方法で取り組んでいるのが元気学園です。医学的な検査結果をもとに、できるだけ薬を使わず、改善方法のプログラムをたて、それを実行していきます。同時に、人格形成をしながら学力をつけていくことで、将来の道をひらいていきます。「死にたい」「もう、人生おしまいだ」と思っていた子どもが、自分の将来に希望を持つようになっていくのです。

心と体は密接につながっているものです。心を治そうとする前に、体をしっかり整えて、その後に残った問題を本当の意味での心の問題として考えていくほうが、親子が無為な時間を過ごすことを避けられます。一人ひとりに応じたことが必要なところは治療であり、大勢の者に方向を示して率いていくのが教育です。

マンツーマンでないと対応できない状態から段階的に教育に移行できるようにしているのが、私たちの指導法です。

だから、病院と学校のちょうど中間のような役割をしています。治療と教育の橋渡しができる学校がないのが、日本の現状です。しかし、その中間で歩みを止めてしまっている子どもが何万といます。この取り組みが有効な子どもたちと、良き出会いをしていきたいです。

病後児や虚弱児にもちょうどいい教育

この病院と教育の中間の特徴は、病院に長い間入院していたり、ぜんそくやアトピーなどの慢性疾患、先天性の骨の変形や、突発性側弯症、術後の経過が思わしくないなど、通常の学校生活は難しいけれど、勉強をして、仲間と集い、大人になるための実力をつけたい子どもたちにも適しています。

体に対しては生活の中にリハビリのようなことを取り入れ、無理なく時間をかけて、体を元気にする方法をとっています。学習についても、学校を休みがちで抜けているところが多いので、しっかり基礎を積み重ねていきます。

先天性の足の病気で、足を引きずって歩くのが精一杯。術後の痛みがとれず、松葉づえを使ってやってきた子が、走れるようになっていきます。

医師から、「もう定期健診だけでいいよ。完治だよ。柔道以外は、どんな運動でも気を付けながらならしていいよ」と言葉をもらって、病院から涙の電話。子どもも「嬉しい」と号泣です。

心臓疾患で、少し歩くとしゃがみ込む程だったのが、階段を駆け上がれるくらいになっていきます。生まれつきひどいアトピーで、ずっと大学病院に通い続けているほどの黒ずみが薄くなって、きれいな肌が出てきます。小児ぜんそくでやってきた子どもたちは、薬を飲まなくてもよい生活ができるようになっていきます。校医の先生曰く、「免疫力が高まって、アレルギー反応がでにくくなっているんだね」とのこと。海に近い場所にあるので、海風と太陽が、運動療法や食事療法をより効果的なものにしてくれます。

このような子どもたちは、楽しみに貪欲。旅行に行ったり、雪合戦をしたり、イベントでは目がキラキラ輝いています。遊びも勉強も一生懸命です。今までできなかったことができるようになった喜びが、人一倍大きいのでしょう。

寮のあるフリースクールだからできること。臨界期を逃さない

元気学園も最初から寮があったわけではありません。子どもの問題を解決するために、その「必要性」に駆られ、寮を作ることになりました。

通学生のみ受け入れていたときは、車で送迎をしてもらっている子もいるし、自分

で通って来る子もいました。朝やってきて、帰る頃には、機嫌もよくなり、しっかりと目を見て「さようなら」と帰って行きます。

しかし、翌朝になると、目も合わせない。頭がボーっとしているようで、心ここにあらずという様子。昨日教えたことも全部忘れてしまっていて、一からやり直しです。夕方には冴えてくるのですが、次の日はまた同じで、これの繰り返し。

家に帰ると、身についたことがすっかりリセットされてしまうのです。

それに、家族と喧嘩をする度に、朝出てこない。ちょっと無理をさせると、翌日はお休み（これでは、不登校をなおすところで、また不登校状態に……）。

食事や睡眠、生活習慣、親子関係、テレビや娯楽など、家での過ごし方にがんばる気持ちを妨げるものがあるのでしょう。家で何かあるたびに、感情が不安定になり、勉強が頭に入りません。体のほうも少し動くと、すぐに疲れたと座り込みます。学校の体育の授業どころか、通学だけでアウトです。

子どもたちと共に過ごす時間を重ねていくうちに、不登校は「子どもの心自体に原因があるのではなく、ネガティブな感情や、取り組もうとする気持ちを挫くものが心に影響を与えている」と思うようになりました。学校で行われる、教科学習以前の、生活習慣やものの考え方や受け取り方に根本的な原因があることを確信しました。
「こんな時間の使い方をしていたら、能力を獲得する年齢である臨界期を逃してしまう!」

不登校は成長との闘い。その成長のピークは、13~17歳です。待ったなしの、限りある時間との競争です。気持ちや心に振り回されている場合ではなく、今は、体や脳の発達に目を向けるべき年齢です。そのために、寮を開設することになりました。寮で預かることになって、不登校の全貌を知ることができました。一方、子どもに深くかかわるのは、想像以上に大変なことでした。困ったときにする態度は、誰もが後ずさりするようなものです。また、助けたいと思えば思うほど、スタッフが親になり代わります。すると他人には遠慮があってしないけれど、親にはするということをし始めます。

イヤなことに出会ったときにおこす異常行動や、本当に愛されているのかを試すためには、自分を引き換えに手段を選ばない状態にも向き合うことにもなりました。

働くことの難しさを知る

寮で生徒を預かり始めるのと同じ頃に、不登校の問題を働くことと連続して捉えるべきだと考え、職場体験施設として小さなドライブインを始めました。

十代後半から二十代の人たちと一緒に仕事をするのですが、仕事をする前に、「職場に到着するかどうか」、これが、毎日の心配事です。

朝、5分家を早く出てくるだけなのに、できない。昨日と同じようにすればいいだけなのに、一人ではできない。

どれも、ほんのちょっとのこと。本人にできる範囲のほんの少しの努力だと見えるようなことが、できないのです。根性や気合でどうにかなりそうなことが、結果としてできない。つくづく、難しいのだとわかりました。

小・中・高生に指導することと、20歳前後の人たちとドライブインで働くのとの両方をしていて、「ああ、これは、20歳の問題なのではなく、十代の半ばまでに身につけておくべきことが欠けているんだな……」と実感しました。

「働くことの基礎は、小中学生の間にきちんと身につけておかないと、後でつけようと思っても、なかなかできることではない」

そう学んだことから、中高生の治療教育に特化するようになりました。

ここまでの道は苦労の連続

このように、エッセンスだけ書き出すと、不登校の真理に向かって順風満帆というイメージを持つかもしれませんが、実際には逆境の連続です。毎日、心の耳に聞こえてくるのは、「艱難汝《かんなんなんじ》を玉にす」とか、「石の上にも七年」(三年じゃないヨ)という言葉。パイオニアは、道なき道を進む、地図のなき旅人だと自分を励ましたり。

それでも、こうして子どもたちを預かって、無事にここまでやってこれているのは、神様が助けてくれているのでは?……なんて思うことも。

どんな仕事も楽なものはないと思いますが、この仕事ゆえの、二つの大きな苦しみがあります。

一つは、何かをしようとしたときに、まず、「施設ありき」ということ。これは、今でも苦労しています。

寮で預かればとても効果が大きいとわかっていても、建物を確保しない限り始められません。

理想を現実化するには、施設という「装置」が必要です。ですから、施設を一つ増やすごとに、元気学園がパワーアップしてきました。日本平キャンパスができて、受け入れられる子どもの幅が広がりました。子どもたちが、とても伸びやかになりました。「先生、すっごく気持ちよかった〜」と、目をキラキラさせながらお腹をすかせて帰ってきます。お気に入りの場所で仲間と過ごす時間が、心の傷を癒してくれるのでしょう。

「こうすればいい」というアイディアは山のようにあるのです。しかし、それを実行するための器である施設がないからできないことが多く、経済的に余裕があれば、もっと、多くの子どもたちを救うことができるのに！と、もどかしく思います。

二つ目は、子どもたちが、家や学校、家族、友達などからもってくる、莫大なイヤのエネルギーです。子どもがする態度で、世の中が受け入れないようなことには、スタッフが壁となってあげなければならず、ネガティブな感情に向き合うのは、精神的に厳しいものがあります。寮で預かれば、その日から、家族と学校の先生が抱えていた「困った」を、すべて引き受けることになります。

しかし、これらの苦しさを一緒に乗り越えることで、大きく変わっていくのが子どもたち。自分の足で歩む、新たな人生を手に入れていきます。不登校のための教育システムと、それを実行できる施設が融合して初めて、悩みを抱えた親子を救えるので、どちらも苦しいからと言って投げ捨ててしまえないものです。

子どもの隣にいるからできるアドバイス

さまざまな取り組みをしてきたと思うのですが、なぜ、こうなったかというと、必要だから。子どもを預かるのは、責任重大です。それぞれの家にとって、わが子は、かけがえのない「宝物」です。また、預かりだすと親代わりのようなものになるので、情が移ります。

どんなに兄弟が多くても、一人くらいどうなってもいいとは思わないのが親。それと同じように、受け入れた限りは、どうにか実力をつけて、世の中に居場所を作れるくらいに育ってほしいと思います。

学校に戻していくだけでなく、一人の子どもを一人前にしていくのに、社会に「こうあればよい」と思うような教育システム自体が探しても存在していなかったから、自力でつくってきました。

サポートの範囲を広げることは、常に苦労との背中合わせです。しかし、子どもが今困っていることを、「来年なら余裕ができるだろうから助けてあげるよ」と言っても、時間は待ってくれません。成長に臨界期があることを、まさに実感しているのは、他ならぬ私たちです。余裕ができてからでは遅い。成長のチャンスを逃すと獲得できない能力があります。

このように、元気学園は不登校の子どもたちと離れたところにいるのではなく、常に子どもの隣にいます。泣いていたら、何時間でも泣き止むまでずっとそばにいるし、ぐずったらその現場に行きます。一晩中ついているときもあるし、嬉しいときも、悲しいときも、良いときも悪いときも、いつも一緒です。

頭で考えるのと、実際に子どもを動かすのは大違いです。「言うは易し、行うは難し」といいますが、まさにその通り。口で言うだけは簡単だけれど、実行するのは難しい。さらに、自分でするのではなく、他人にさせるのは、もっと、もっと難しい。「イヤ」と拒絶してしまう子には、もっとが10回付くくらい難しいことです。

この本を手に取ってくださっている方に知っていただきたいのは、私たちは、親子の現実と、常に接し続けているということです。不登校の子どもたちを実際に社会に戻しているし、子どもたち自身に実力をつけるために、日々実践しています。

生身の人間を目の前にして、生活をさせて結果を出すには、言葉だけの励ましや、理想を語るだけなど、一切通用しません。ですから、現実から離れたところにいて、アドバイスをしているのではないことを理解していただき、この本に書いてあることに説得力が加わればと思います。

寮は通学の4倍の効果

通学生と寮生では、一つのテーマに関してなおっていくスピードがまったく違います。およそ4倍のスピードです。これは、経験的なことなので、「何を基準に？」と聞かれると、一人の子どもを教育する場合としない場合とで比較できないので簡単に説明できることではありませんが、長年働いているスタッフたちは、この数値を妥当だと言います。寮生が半年かかって身につけることを、通学生は2年程度。これほどの差があります。

その理由は一つに、時間の使い方です。不登校は時間との戦いだと言ってきましたが、小学校でも、中学校でも、高校、大学であっても、学校と名がつくところはすべて、そこにいる同級生と同じことができる能力を求められています。ですから、理解力が追いついて、スピードが合うようになって、宿題ができるようにならない限り、学校はいやすい場所にはなりません。

実際、勉強一つとっても、休んでいる間の学習を取り戻しつつ、同級生と同じ進度の勉強をする時間を作り出すのは、想像以上にたいへんなのです……（4章の「必要なのは刺激より大きな助け」の通りです）。

そこで、不登校の根本的な原因である第一の壁と時間の壁である第三の壁を乗り越えるために大いに貢献しているのが寮生活です。

寮生活では、24時間をやりくりして、能力を高めるための時間をしっかりとり、また、十分に体も脳も休ませられるのが長所です。

それ以前に、寮生活することでまったくなくなったのが、休むという心配です。「休まなくする」という習慣を身につけるのが、不登校の大きな課題（みんなここを乗り越えられなくて、外に出ても、すぐに家に逆戻りしてしまうのですよね……）。そこを一気に解決できるのは、素晴らしいことです！

お母さんと離れる効果

子どもに、実力をつける時間を作り出すのを妨げている大きな原因は、お母さんと子どもの関係にあります。

不登校になって、一日に出会う人が減ってきて、お母さんといる時間が長くなると、甘えもわがままもどんどんエスカレートしていきます。それは第二のイヤの壁と、第三のイヤの壁を、大きく育ててしまうことになってしまうのです‼

思い通りにするためなら、自分自身だって脅しの材料です。

「死んでやる」「飛び出して帰ってこないぞ」など、いくらでも自分の体を人質にします。「そんなこと言うだけでしない」と思っていても心配なのが、わが子がかわいい親の弱みです。

好き勝手で横着な生活も、心では決して許しているわけではなくとも、見過ごしている限り、それを許可しているようなもの。決して他人は許してくれないだろうことを家族は容認しています。

世界で一番親しい人であり、決して自分の損になるようなことをしないのがお母さんだという安心を超えた甘えが、弱音を引き出し、がんばる気持ちを封じ込めてしまいます。こんな状態では毎朝、家から外に送り出すなんて、とてもできません。

親子関係は、生まれてから長い間にできあがったものですから、そう簡単には変わりません。できあがった親子関係から一旦離れるのは、お互いに価値があります。家から離れるのは心細いけれど、学園に来てしまうと、子どもたち、第二の壁から解放されて、とっても明るくなります！　家から出て初めて、家族やまわりのしがらみの中で身動きがとれなくなっていたと、気付くのです。

離れるのは子どもだけではありません。親のほうにも、子どもと離れる効果があります。どのお母さんたちも、元気学園に子どもを預けた後、「ホッとした」と言います。

いつも思うことですが、最初に面接に来たときより、ママたち、会うごとに若返るというのでしょうか、おしゃれできれいになります。子どもが落ち着くと、本来の自分を取り戻し気持ちが明るくなるのでしょう。

知った人がいないから顔をあげて外を歩ける

家から離れることでの長所は、知った人がいないこと。

今までの自分を知っている人は誰もいません。子どもたちは、家族からの目も、周りからの「あの子はこんな子だ」というレッテルも窮屈に感じています。「あいつはダメなやつ」と見切られてしまっていることに怯えています。だから、過去をまったく知らないというのは、その重苦しい気分から解放してくれるのです。

子どもたちが、元気学園に「生まれ変わろう！」とやってくるのは、今までの自分を知っている人が一人もいないからできるのです。

イヤの壁は、周りから自分を隠してくれるけれど、逆に、自分も壁の外には出られなくしてしまっています。ビクビク、コソコソしなくていいというのは、子どもの心身の成長にとって大きなプラスの影響を与えます。外は堂々と歩けるし、仲間たちが一緒にいたら、一人では心細いこともへっちゃらです。

不登校の子どもたちは、学校に行かない自分のしていることを良いことだと思っていません。「恥ずかしい」と思っています。だから、隠れるのです。しかし、だからこそなおるのです。

学校にも行かない、何にも努力していないのに、堂々として、外に平気で出ていくより、「これはいけないことだ、どうにかしなければ」と思っているほうが、実は解決に近いところにいます。

私のところでは、修学旅行や体育祭など楽しいところだけ行くという子より、家から一歩も出て行かないという子どものほうがなおしやすいです。というのは、その日の気分によって、「今日はいいけれど明日はダメ」というより、物事の考え方に一貫性があるほうが道を作りやすいからです。

子どもたちの心のカギを開けるのは、簡単そうに見えることが難しくて、逆に難しいだろうと思うようなことが簡単だったりします。

「失敗するのは恥ずかしいから、何もしない。顔を見られるのは恥ずかしいから外に出ない」ではなく、「何もしないのは恥ずかしい」。だから、「するんだ」という、努力しながら成長できる環境は、子どもの自信を育んでいきます。子どもの自信は、精一杯努力していることが裏付けとなります。

ですから元気学園では、できないことの無理は言わないけれど、できることはする。そのできることを一日一日と増やせるようにしていくことが基本となっています。努力して得られる成功体験が、子どもの自信を育てていきます。

脳が動き出す生活習慣でうつ状態も解消

寮で預かって最も顕著な効果は、しっかりご飯を食べて、朝起きて、昼間はお日様に当たって活動して、夜寝るという、生き物として当たり前の生活ができることです。赤ちゃんのとき大切なことは、大人になっても大切です。子育ては、基本に忠実でないといけません。

子どもたちが能力を伸ばすためには、昼間の時間に脳が活発に動くことです。不登校の子どもたちは、ほぼ全員というくらい、何らかの学習の問題を抱えていると思います（勉強の問題は、実に多様ですから、この本の中では十分お知らせできません。機会があるまで、さらに研究をすすめていきます）。

勉強については、「休んでいたから仕方ないね。やればできるだろう」と、誰もがそう考えるでしょう。しかし、勉強時間をとったからといって、できるようにはなりません。なぜなら、脳が動いていないからです。勉強をさせる前に、脳を動かすほうが先です。

その源となるのは、食事と睡眠、それに昼間の活動です。

食事についていうと、不登校の子どもたちは、欠食が多いです。三食きちんと食べている子は、ほとんどいません。また、その食事の内容も、偏っています。お腹はお菓子で満たして、成長に必要なタンパク質・脂肪・炭水化物、ミネラルをとっていません。

成長期ですから、体が必要としている栄養素をとるためには、今まで足りなかった分も合わせてしっかり食べる必要があります。長期間にわたる栄養価の低い食事は、本人の問題にとどまらず、次の世代へ影響があるのではないかと危惧しています。

私のところの食事はおいしいと評判ですので、みんなすぐによく食べるようになります。学園生活で最も早く自覚できるのが、食欲が出てくることです。

入学してから半年間の、朝起きたときの体調の変化を調べています。体調・食事・睡眠・疲労感の検査結果を見ると、食欲は1か月後に大きく高まっています。

その他のすべてに改善があるのですが、食欲は最も顕著な効果を示します。子どもたちはみんな、3時を過ぎると、「今日の夕飯何かな？ ご飯が待ち遠しい」と言っています。こんな生活をしていると、うつ状態も治っていきます。実際に入学時には、一般の高校生に比べて高いうつ状態だったのが、入学後3か月過ぎた頃から有意に改善する結果が得られています。

睡眠が脳を育てる

睡眠についても、成長ホルモンが出る夜10時から2時の間はしっかり寝かせたいところです。ぐっすり眠れると、朝も気持ち良く起きられるようになります。子どもによっては、寝るのが上手でない子がいます。

寝るのには、上手下手があります。昼間の様子とともに、子どもが夜中に何回くらい目を覚ましているのか、ぐっすり眠りはじめるのは何時頃か、医療検査も含めてチェックをして、それを日々の教育にフィードバックしています。

静岡は温暖な気候で、日光の照射時間も本州で最も長い場所です。カリフォルニアに似ています。毎日青空で、晴天が続きます。それに、夜雨が降って、朝になると止むので、住む人にとって、とても快適な場所です。日中も爽やかなお天気の中で活動できる日が多いです。

日本平キャンパスは、富士山も駿河湾も見渡せる高台の上にあり、子どもたちが太陽のもとで活動することができます。

子どもたちのお気に入りは、ブルーベリー、みかん、キウイ、きんかん、梨、ネクタリンなどが至るところに生えていて、散歩しながら口にパクッ! 笑い声が至るところでこだまして、時には、歌声も聞こえてきます。

のびのびした顔つきを見て、「まるで小学生の頃の笑顔が戻ってきたみたい」と、父母は大喜びです。

太陽に当たると、セロトニンという神経伝達物質がつくられます。それが夜には分解されてメラトニンに変わり、眠りを誘います。体内時計も太陽に当たることで、正常化します。一日朗らかに活動して、体が疲れればぐっすり眠れるようになっていきます。昼間動けば、夜よく眠り、また夜眠るから、昼間集中して学べるのです。不登校の根本的な解決には、この生活サイクルは欠かせません。

規則正しい生活習慣を得るにも臨界期があると言われています。朝起きて昼活動して、夜寝る。これを身につけるのに、年齢が関係してくるということです。大人になって習慣づけるのは、とても大変なことです。

日常生活が心と体のリハビリに

寮生活は日常生活がリハビリのような機能を果たしています。朝晩の寮生活では、掃除や洗濯はみんなで手分けします。自分のことを自分でする練習にもなりますし、何かと助けてくれるスタッフやお母さんのありがたみも同時に感じます。

その際、気が利く子や丁寧でテキパキできる子と、勉強ができる子とは必ずしも一致するわけではありません。昼間の学習時間とは違った才能が発揮されます。勉強のときには目立たないけれど、寮に帰ると元気溌剌で輝いている子がいます。

このように教室と寮生活では、リーダーが変わることもあります。その場に応じたリーダーシップや協力し合う力、助けたり助けられたり、お世話したりお世話されたりを学んでいきます。大人数の兄弟がいるような関係です。先生や父母だけでなく、たくさんの同級生や先輩や後輩を得て、縦、横、斜めの関係での人付き合いを学んでいくことになります。

寮のよいところは、人目があるということです。家にいるときには人の目を気にすることもなく、やりたい放題。自分でも止められません。人の存在を意識すると、そこにちょっとした遠慮が生まれ、社会性が育っていきます。学校復帰の時期が速い子は、入学時は低いレベルであっても社会的スキルの向上の変化が大きい傾向がみられます。

人と協力できるようになることは、生きていく上で何よりも大切です。社会性の発達とコミュニケーション能力の開発は、集団に慣れるために不可欠で、人の中でしか練習できないことです。これが、子どもたちにとって、学校や社会をいやすい場所にしていくのです。

知識を吸収する「器」を作るための認知行動療法

勉強を教える前に、体が知識を全身で受け止められるような大きな器作りをしています。不登校は、「イヤ」との戦い。子どもの心を拒絶から解放していくことが、すべての始まりです。

それに貢献しているのが、日本平キャンパスで行っている作業療法や運動療法です。作業療法として、花を植えたり、野菜を作ったり、モノ作りをしたりします。机に座っていられるようになる前の子どもたちや体力がない段階にはとても有効です。

学園全体の生活を通して何事も、「本人の目の前でやってみせて教える」という方法をとっています。言葉だけでは理解しづらいことや、聞き逃すことが多い子、また、コツを掴むのに時間がかかる子も丁寧に教えると心を開き素直になっていきます。

最初は機嫌悪そうにしていても、教えてあげてわかったという経験をしていくと、

「先生、肩もみしましょうか?」なんて、可愛いことを言うようになります。素直になれば、「自分のできることはしよう」と気力も行動力も出てきます。

学校に行くには、勉強ができればいい。これは間違いではありませんが、勉強さえできればよいかというと、そういうわけでもありません。大人になっていく段階として、人間関係にしても学校に行くにしても、長続きするには子どもの性格や物事の受け取り方、人としての誠実さのほうが重要です。

社会は人と人とのつながりですから、性格や協力の姿勢、価値観は決して無視できません。認知行動療法をはじめとしたさまざまなアプローチを組み合わせて、解決に取り組んでいます。

昼夜逆転は一日でなおる

お母さんとの親子喧嘩の一番は、朝起きないこと。

脅そうが、布団をひっぺはがそうが、引きずり出そうが、着替えさせようと粘っても起きない。このままずっと昼夜逆転では、学校にも行けないし、それ以前に「社会生活を送ることができなくなってしまう」と心配する相談電話が絶えません。

そこで、「昼夜逆転は、一日でなおりますよ」と言うと、父母はビックリします。

決して嘘ではありません。何年も昼夜逆転をしてきたという子でも、寮に来て朝起きない子はいません。子どもを強要しているのではないかと思われそうですが、そんなことはありません。

ほとんどの子が声をかけなくても、みんなのざわめきを察知して起きてきます。それでも起きなければ、部屋をノックするか、声をかければほとんどが起きます。

それは、ちょっとした遠慮があるからです。他人を気にしているからなのです。

この人の目を気にするというのは、集団の効果です。良い仲間がいるからできることです。自分も仲間になろうと思えば必ず波長を合わせようとします。相手を自分のペースに巻き込むのではなく、自分が合わせる。それが大切なのです。

また朝起きるようにするために、昼間は太陽に当たって、機嫌よく活動できるように工夫しています。そうすればご飯もたくさん食べられるし、疲れるのでぐっすり眠ることができます。自然に、朝起きられるリズムを作っていくのです。

稀に、どんなに階段の上り下りやまわりの朝の慌ただしさも気にならず、起きてこない子がいます。人目が気にならない場合は、発達の問題を抱えていることが考えられますし、それ以外にも、脳が覚醒しない何らかの原因があると考えられます。

わがままや怠け者と決めつけてしまわずに、一つ一つ検証していくことが大切です。

中高一貫校、進学校の不登校

進学校にも不登校の子どもはいます。これまでに、東京大学に何十人も進学しますといった中高一貫校や、地域で一番の進学校ですといったところからの不登校をたくさん受け入れてきました。

中高一貫校や進学校での場合、勉強の問題が不登校の原因に関わっています。目の前に見える大きな壁に隠れて、父母は気付かない場合がありますが、例えば、部活での人間関係のトラブルの後ろに、宿題をするのがたいへんだとか、体力がなくて一日もたない、生活習慣が乱れて勉強時間を作り出せない、全体のスピードが速すぎてついていけないなどの問題が潜んでいることが多いのです。

一般的な同級生と比べると学力は高いのですが、同じ学校の子どもと比べたときに、不登校の原因となるものが存在します。勉強の問題は本人の理解力などの絶対学力だけではなく、周りとの比較が大いに関係しています。

どうやってもみんなに追いつけない！　勝てない！　もう限界！　と思い始めたときに学校から足が遠のいていきます。

面談をしていて、「勉強に困っているのではありませんか？」と聞くと、父母は、「問題ありません」と言います。本人は、その隣で黙ってうつむいて首を縦に振っています。子どもが学校に行って、実際に教室の中で困っていることと、父母が思うのとは感覚が違うのです。

不登校の原因は、学校生活全体を通しての学習システムに行き詰りがあると考えています。それらすべてを見直して、その子に合わせたシステムに変えていきます。

一旦休んでしまうと、進度が速い分追いつくのが大変ですから、少し余裕を持った時間の設定をして、今日に明日に学校に復帰しようとするのではなく、年単位の計画を立てます。大学受験などを目標にして、それまでにプライドに応じたところに進学できるように、しっかり準備をする方法をとるのです。学校生活で必要なのは学力だけではありませんから、予備校とは異なるアプローチです。

子どもたちの心の中には必ずライバルもしくは、基準にしている子がいるので、それに負けていないいんだ、自分もやれるんだと思えるような人生を歩ませてあげたいですよね。

元気学園の卒業生の中でも、「国公立大学に合格したら、その日から地元の駅前を堂々と歩けるようになった」という子が何人もいます。それくらい、気にしているのです。他にも大学に入ってから、サークルの試合で同級生に「やあ」と言って再会を喜べた。「ああ、同じくらいになれたんだな、劣等感を抱かなくてもいいいんだな」と思えたということです。

私自身、学生の頃からずっと体調不良で、「元気なら、みんなと同じことができるし、もっとがんばれるのに！」と悔しい思いをしていましたから、同じような悩みを持つ子どもたちを助けていきたいです。

起立性調節障害もさようなら

起立性調節障害、いわゆる立ちくらみは、薬を使わなくても改善します。再発は？……卒業生から再発したと聞いたことがありません。

起立性調節障害の原因を知れば、なぜ効果があるのかわかると思います。

立ち上がったとき、重力に反して、血液が、心臓より上にある脳に行かないから頭がボーっとします。脳は酸素が足りなくなると、意識が薄れていきます。血液を押し上げるには、心臓のポンプを強くすることです。

また、体には血液が逆戻りしないような機能があります。脚はその筋肉で、血管を締めつけて、重力に従って落ちてくる血液を押し戻しています。脚の筋肉が弱いと、下のほうに血液が溜まってしまいます。

これらのことから、起立性調節障害は、心臓と脚の筋肉が弱っているのが原因です。ですから、脚と心臓の筋肉を鍛えれば、起立性調節障害はなおってしまいます。さらに交感神経の働きを高めるために、血糖値が一定するように米を主として、タンパク質と脂肪、ミネラルを十分に含んだ食事をとることも大切です。

「サプリメントを飲んでいるけれど効かない」と言う方がいますが、サプリメントはあくまでも補助の役割です。主食の食事に成り代わることはできませんので、要注意です。

ご飯をしっかり食べて、その足りないところをサプリメントで補うのであればよいのですが、食事の代わりにサプリメントをとっても、効果はありません。逆に体を弱らせることにもなります。血液の成分も優秀にして全身に流れるようにしてあげれば、体の動きも軽やかになります。朝、気持ちよく起きることができるようになれば、価値ある一日の始まりです。

不登校の子が元気になると家族全体に好影響を与える

不登校になっていた子どもを寮で預かると必ず、1週間後に面会に来てもらいます。

顔色がよくなり、元気そうになった様子を見た瞬間、お母さんの顔つきがみるみる明るくなっていきます。母の目から、涙がポロポロポロポロ。すると、次はおじいちゃんやおばあちゃんも来校して、孫の変化を喜びます。

手紙には、家がとても明るくなった、兄弟たちがとても伸びやかになったと書いてあります。家族は誰か一人でも心配事があるとそれを共有してしまい、どうしても家の雰囲気が沈みがちになってしまうのですよね。

他の兄弟にとっては、心配の種に両親の注目が集まってしまっている間、もっと自分のために時間をとってもらいたいと思っていますから、ようやく順番が回ってきたといったところでしょうか。

一人の子が元気になることで、家族全員、その祖父母までも気持ちが明るくなるのですから、子どもは家の希望ですね！

子どもが学校に行かなくても、少々困らせても、親も子も今のまま、ずっと若くいられるのなら、それほど大きな悩みはありません。父母が健康でありさえすればなんとかやっていけます。

しかし、いつかは親が年をとって、子どもを養えない日が来ます。そのとき、わが子にどうなっていてほしいか？　働いて社会に役割があるといい。自活していてほしい。一人では寂しいから、誰かパートナーがいてほしい。結婚していなくても、友達か仕事仲間か、困ったときに相談できる人や助けてくれる人がいてくれたらいい。きっと、どの父母も、このように思っているでしょう。

家族の将来を思ったとき、兄弟に与える負担を考えます。目の前の子が大切なように、他の兄弟も大切なのが親です。父母がいなくなったとき、他の兄弟に迷惑をかけるようなことだけはしたくない。兄弟喧嘩の元になるようなことは避けたい。そう考えます。一人っ子なら、なおさら心配です。未来を背負っています。

それには、今しっかり教育することがわが子の将来を作り、同時に親や兄弟の安心を得ることになります。

わが子が「生まれてきてよかった」と思い、自分の人生にひたむきに生きるには、世の中のコミュニティーに参加して自分の力で生きていく実力をつけることです。それが、みんながハッピーになれる解決方法です。

おわりに

体調不良を抱える不登校の子どもたちに深く関わることになって、時代の変化を感じます。子ども自体が変わってきていると思うのです。

穏やかな性質の草食系男子が増えたとか、子どもがわがままになったとか、そういった精神面での変化より、もっと、人間の根幹に関わる体の構造や機能の変化を感じています。

不登校の子どもたちの中に、側弯症や漏斗胸などの骨の歪み、筋肉の偏り、体に対して心臓が小さい、心臓の働きが弱い、便秘や下痢、腸の働きが悪いなど、同じような状態が数多く見られます。その体の変化は、生活の質や生き方に、深く関係していくものです。

このような子どもたちは、やる気がないわけではないのだけれど、疲れやすく、すぐに気力が失せて、継続することがとても苦手です。学校に行かない子どもたちと一つにされている不登校の中に、上記のようなことが原因の体調不良があり、それによって、学校にいけない子どもたちが出てきていると思います。これまでにはない新たなタイプです。この数は明らかに、年々増えていっています。

元気学園の進む方向は、このような状態に対して、より一層プロフェッショナルになっていくことです。

体の変化の原因は、医療の発達、身の回りの環境や、食生活や睡眠などのライフスタイルの変化など、さまざまな要因が複雑に絡んでいるものではないかと考えています。

現代科学の発展に伴って、今まで地球上になかった化合物や電磁波などが、日常生活に入り込んできました。便利に使っている一方で、それらが組み合わさり、何らかの影響を与えているのかもしれません。また、不妊治療や高齢出産、ダイエットによる母親の栄養不足などの影響も大きいのではないかと考えられます。

医療の進歩は、生命を救う技術を飛躍的に伸ばしましたが、一人の人間をどう育て上げるかまでは至っていません。

子どもの体の変化は、脳や体の機能そのものに微細な影響を与え、学び方や情報の入り方、感情処理などが少し違って、これまでの学校教育では、とてもカバーできないことが起きています。その結果として、不登校という形で表れてきているのだと思います。このような子どもたちには、それに合わせた特殊教育が必要です。

そこで、元気学園で培ってきた教育システムをもとに、「今までの日本にないような、病院と学校の中間にあるような中学校を作りたい‼」と、長年の間、夢を抱いています。

病院がケアする健康の部分と、学校が支える教育とが融合した、新しい形の教育の場を作っていきたいです。

まず、中学と考えるのは、不登校が急増する年齢でもあり、心身が劇的な変化をする時期だからです。中学生って、一人ひとりに適した教育と生活環境を与えさえすれば、本当に変わるんです！　まったく別人というほど、体つきも、考え方も、能力も、心がけも変わります。

「もうダメだ」と諦めていた自分の人生を、再び自分の手の中に引き戻し、前を向いて歩むようになるのです。

不登校の抱える問題は、この豊かな国日本で、教育を受けられないという深刻な事態です。もちろんそれには、わがままや勝手、怠けがまったく関係がないわけではありません。しかしそれだけではなく、体調不良があって、がんばろうと思っても意欲が続かない子もいます。そういう子どもたちを、元気学園の持つ方法で救えるのであれば、支援していきたいです。解決する方法がある子どもから、助けていければと思います。

時機を逃さない支援や協力は、成長の一時期に「特別な教育」という手助けが必要なのであって、一生続くものではありません。十代の間に適した教育をすることで、将来働けるようになれば、社会を支える側になれます。逆に、そのままでいると、働くために必要なことを身につけられず、社会が養うことになるかもしれません。小学校からケアできれば、さらにもっと短時間で大きな成果を得られます。早い年齢ほど、教育の効果が大きいものです。そのため、小学校も作っていけたらと思っています。

不登校の子どもたちが全国に小中学生だけでも12万人もいるのですから、「いつか」ではなく、「今すぐ」どうにかしなければならない問題です。子どもたちに未来を開いてあげたいと思う方、どうぞご協力ください。一人でも多くの協力者を求めています。

これまで、元気学園は公的な機関の支援を受けずに運営してきました。

不登校の本質を見出し、解決していくには、従来のやり方ではなく、独自の方法を見つけ出すことが必要だと考えていましたし、支援はとても限定的で、私のところにとっては、長期的な視野で継続できるものではありませんでした。

どこかに援助をお願いすれば、どうしても支援者の方々の考え方が入ってくることになります。また例えば、補助金をもらえば、毎日の様子を提出することなど、義務も発生します。スタッフたちは日々に追われ、子どもをなおすことに一生懸命だったので、精神的にも物理的にも余裕はありませんでした。

しかしそのおかげで、シャカリキに取り組んだ二十年が過ぎ、時代に迎合するものでも、ブームに振り回されるものもなく、骨太な教育システムができあがったと思います。今後は、さまざまな方たちにご協力いただきながら、もっと多くの子どもたちの再出発の道を支えていけたらと思っています。

現代の日本が抱える問題は、不登校だけではありません。ニートや引きこもり、若者が働かない・働けないなどの問題も、日本にとって、大変大きな悩み事です。

文部科学省の発表しているデータでは引きこもりが70万人、若年無業者は63万人です。合わせて133万人となると、政令指定都市の人口より多くなります。

ニートや引きこもり、若年が働かない・働けないことは、元をたどっていくと、不登校と同じ根っこに行きつきます。

長い間、現場にいて、試行錯誤を繰り返してきました。自分たちでできる範囲のことは、実行しました。アイディアは豊富に持っているのですが、施設や経済には限りがあるので、できないこともたくさんあります。

不登校対策や若者の就労について、数千人を対象に行うこと、数万人であれば、こういう方法がある。体調不良がある人には、外に出る勇気のない人には……などないつも実践方法を考えています。このような若者と社会との橋渡しができるように、ともに協力して実行しようとお考えの方、お声をかけてください。

また、不登校の子どもたちの体について、居眠りや睡眠状態、痛みや不安も、ただの怠けや気分のムラと決めつけてしまわずに、科学的な視点から研究を行うことが、解決方法を見つけ出すことになります。視覚や聴覚、触覚、味覚などにも関心を持って、常に観察し続けています。

こちらも、熱心に進めていければ、日本の子どもたちを救うことになると思います。大学や研究機関と協力しあえるような関係を、さらに作ることができればと思っています。

十数万人の小中学生が居場所もなく、毎日「つまらないな」と思って過ごすような世の中はおかしいし、教育や医療の力、日本にある知恵や人類の叡智で、変えていけると信じています。

元気学園が積み重ねてきたことは小さな努力かもしれませんが、この本をきっかけに、世の中の方々のご協力によって、不登校の流れを変えることにつなげられればと期待しています。

【著者略歴】

小林高子（こばやし・たかこ）

フリースクール元気学園校長。兵庫県姫路市出身。1994年東京工業大学大学院修士課程卒業。工学博士。脳の神経伝達物質についての研究をしていました。不登校の子どもたちを独自のカリキュラムで治療教育しているのが、フリースクール元気学園です。寮があるので、通学だけの学校と違って密度の濃い日々を送っています。子どもたちと遊んだり、スポーツをしたり、旅行をしたり、ケーキをつくったりと毎日楽しく暮らしています。もちろん、勉強もしっかり教えていますヨ。『不登校24時間365日ブログ』をほぼ毎日更新。保育士、調理師などの資格を持っています。

元気学園ホームページ　http://genki-gakuen.gr.jp/

自活館では、働けるようになるためのトレーニングをしています。

自活館ホームページ　http://jikatukan.jp

不登校《ふとうこう》になったら最初《さいしょ》に読《よ》む本《ほん》

2015年2月21日　初版発行
2024年2月20日　第12刷発行

発行　**株式会社クロスメディア・マーケティング**

発行者　小早川幸一郎

〒151-0051　東京都渋谷区千駄ヶ谷4-20-3 東栄神宮外苑ビル
https://www.cm-marketing.jp

発売　**株式会社インプレス**

〒101-0051　東京都千代田区神田神保町一丁目105番地

■ 本の内容に関するお問い合わせ先 ………… クロスメディア・マーケティング
TEL (03)5413-3142　FAX (03)5413-3141

■ 乱丁本・落丁本のお取り替えに関するお問い合わせ先 ………… インプレス　カスタマーセンター
FAX (03) 6837-5023

カバー・本文デザイン　安賀裕子
カバー・本文イラスト　こくえゆか
印刷・製本　株式会社シナノ

ISBN978-4-8443-7402-2 C2037